Stefan Klein
Highlands, Stripper und der Fünf-Uhr-Tee
Britische Kapriolen

Stefan Klein

Highlands, Stripper und der Fünf-Uhr-Tee

Britische Kapriolen

Picus Lesereisen

Picus Verlag Wien

Grafische Gestaltung: Dorothea Löcker, Wien
Umschlagabbildung: Corbis
Druck und Verarbeitung:
Druckerei Remaprint, Wien
ISBN 3-85452-783-7

Informationen über das aktuelle Programm
des Picus Verlags und Veranstaltungen unter
www.picus.at

Inhalt

Leben im Rhythmus der Schleuse

Bob Williams regelt das Auf und Ab des Wassers – und kann sich keinen schöneren Job vorstellen

Kann es sein, dass Bob Williams der glücklichste Arbeitnehmer ist im Königreich? Zumindest einer der glücklichsten? Wäre es so, dann läge das paradoxerweise daran, dass er sich gar nicht als Arbeitnehmer empfindet, jedenfalls nicht als einer im klassischen Sinn. Noch nie, sagt Williams, sei er morgens mit dem Gedanken aufgewacht: Mist, du musst ja raus und an die Arbeit. Im Gegenteil: Der Mann freut sich auf seinen Job, jeden Tag neu. Er liebt die Abwechslung, das Ungewisse, vor allem aber liebt er diesen ersten Blick am Morgen seinen Fluss hinauf, und sage bitte keiner, es sei nicht seiner. Sicher ist es seiner: Hier im Bereich der St.-Johns-Schleuse gehört die Themse nur einem, und das ist ihr Wärter Bob Williams.

Dieser erste Blick am Morgen: ein Schnuppern, ein Fühlen, ein Prüfen, ein Genießen. Stromaufwärts schaut Schleusenwärter Williams, nicht abwärts, denn Richtung Quelle geht die Sicht viel weiter. Was er sieht, mag ein silbriges Glitzern sein, das sich irgendwo im Ufergrün verliert, eine tintige Ader, behäbig, träge – je nachdem, wie der Himmel ist und wie das Licht. Kein Bild gleicht dem anderen. Manchmal wechselt es in Minutenschnelle und Bob Williams hat auch nach neunzehn Jahren noch nicht aufgehört, darüber zu staunen. Er ist ein Mann, der das Wasser braucht, um froh zu sein, und deshalb war es auch nur folgerichtig, dass er vor vielen Jahren als junger Mensch bei der königlichen Marine landete.

Bob Williams hat die Meere dieser Welt gesehen, aber irgendwann war Schluss, und plötzlich fand er sich in einer Fabrik für Navigationsinstrumente wieder – eine Wasserratte, gestrandet in einem Ort namens Cheltenham. Und wer weiß, vielleicht wäre es so weitergegangen, mehr schlecht als recht, ein Leben voll unerfüllter Sehnsucht, wenn nicht seine Frau eines Tages im *Cheltenham Echo* eine Anzeige gesehen hätte. Da ist ein Job angeboten, sagte sie zu ihrem Mann, der könnte dir gefallen. Klar, Flusswasser ist nicht Meerwasser, ein spielerisch mäanderndes Flüsschen nicht vergleichbar mit einem Ozean, aber Wasser ist Wasser. Williams bewarb sich für den Posten eines Schleusenwärters am Oberlauf der Themse und bekam ihn.

Anfangs war er ein »wandernder« Schleusenwärter, einer, der einsprang, wenn andere ihre freien Tage oder Urlaub hatten. Aber seit 1992 hat Williams seine eigene Schleuse. St. Johns ist die erste Schleuse auf dem 344 Kilometer langen Weg der Themse von der Quelle bis zur Mündung – die erste und damit auch die höchste. Sie ist nur 35 Kilometer von der Quelle entfernt und sie stammt aus jenen Zeiten der industriellen Revolution, als die Themse noch eine bedeutende Handelsroute und ein wichtiges Bindeglied war im nationalen Netz der Wasserwege. Inzwischen ist sie längst ein Freizeitgewässer und fest im Griff jener Haus- und Ferienboote, von denen jetzt gerade eines mit dem Namen Josephine in die Schleusenkammer gleitet, um den Höhenunterschied von einem Meter zu überwinden.

So wie alle anderen Schiffe, die hier vorbeikommen, wird die Josephine im Fahrtenbuch registriert – Uhrzeit, Fahrtrichtung, Lizenznummer –, alles muss seine Ordnung haben auf einem »Queen's Highway«, und Stil haben muss es auch. Wenn Williams morgens kurz vor neun in seinem Haus in das kleine Vorderzimmer wechselt, das auf den Fluss hinausgeht und das Schleusenwärterbüro darstellt, dann ist er eine Respektsperson, von den glänzenden schwarzen Schuhen bis zur Kapitänsmütze, und an der schwarzen Krawatte hat er ein Schild stecken mit seinem Namen. Erste Amtshandlung ist stets das Ablesen des Wasserstands, denn davon hängt ab, wie Williams das Wehr ein Stück weiter flussabwärts einstellt. Ein Minimum von einem Meter Wassertiefe hat er in seinem Bereich zu garantieren, und entsprechend weit zu hielt er die Tore im Juni und Juli 2003, als es für englische Verhältnisse ungewöhnlich trocken war.

Ganz anders im November 2002. Das ist traditionell ein feuchter Monat, aber in dem Jahr war es ganz besonders arg. In der Geschichte von »Pu dem Bären« gibt es ein Kapitel, da wird eine Überschwemmung geschildert, und es trägt die Überschrift »Pu ganz von Wasser umgeben«, und so in etwa wird man sich Bob Williams im November 2002 vorstellen müssen. Da war kein Glitzern im Ufergrün beim morgendlichen Blick die

Themse hinauf, kein tintig-behäbiges Fließen, da war nur Wasser, Wasser, Wasser – Wasser, so weit das Auge reichte. Zwei Meter Wassertiefe, doppelt so viel wie normal, die Schleuse fast überflutet und ihr Wärter nicht im Zwirn der Respektsperson, sondern im Ölzeug, in Gummistiefeln und mit Rettungsweste. Über dem, was von der Schleuse übrig war, das rote Schild, das Warnschild: »Caution – strong stream«.

So war das, ein Flüsschen, das plötzlich seine Muskeln spielen ließ, eine kleine Demonstration der Macht abhielt, aber Bob Williams wusste auch schon vorher, dass man sich von dem normalerweise so unschuldigen Erscheinungsbild der Themse nicht täuschen lassen darf. Ein Fluss, pflegt er zu sagen, der Leben gibt, aber auch Leben nimmt. Schon öfter ist es vorgekommen, dass Williams Wasserleichen zu bergen hatte, aber auch wenn es nicht gerade Tod und Verderben sind, die die Themse bringt, so ist sie doch immer für eine Überraschung gut. Vor zehn Jahren, in einem ungewöhnlich strengen Winter, fand Williams am Neujahrstag die Wasserfläche zugefroren. Da musste er mit der Spitzhacke raus zum Wehr, das Eis aufhacken, um den Durchfluss zu gewährleisten.

An einem sommerwarmen Julitag klingt das wie eine Geschichte aus einer anderen Welt. »Guck doch nur«, sagt Williams und zeigt auf das Bild vor dem Fenster seines Büros, »kann man sich etwas Friedlicheres vorstellen?« Ein paar Ruderer sind gerade in der Schleuse, junge Leute vom königlich-holländischen Ruderclub, die schon öfter hier vorbeigekommen sind. Williams kennt sie und winkt ihnen zu, als ihre Boote, vom steigenden Pegel geliftet, hinter der Beckenwand auftauchen. Das Bewegen der Schleusentore überlässt er seinem Assistenten Chris. So ist es, das kleine Paradies des Schleusenwärters Williams: Ein Job, der gar kein Job ist, sondern, wie sein Besitzer das nennt, ein *way of life*, für die Hauptsaison im Sommer ein williger Helfer und für all das auch noch eine regelmäßige Bezahlung.

Es ist dies ein Glück, für das manch einer eine Karriere aufgibt. Einer wie Adrian Swift. Der war Bankangestellter, heute ist er Bob Williams' Boss. Statt Leuten unsinnige Kredite aufzuschwatzen, kaufte der sich 1988 ein Boot und befuhr Englands Wasserwege – sechs Jahre lang. Dann bewarb er sich als Aushilfsschleusenwärter, diente sich hoch und ist heute im Auftrag der Umweltbehörde Herr über die Themse von der Quelle bis zur Rushey-Schleuse. Das sind achtundvierzig Kilometer, fünf Schleusen und zehn Schleusenwärter. Groß motivieren, anspornen muss er die nicht. Es sind alles Leute, die wie Williams ihren Beruf lieben und ihn, sagt Swift, »bestimmt nicht wegen des Geldes machen«, sondern weil es einfach schön ist, mit einem Fluss zu arbeiten, von dem Chris, der Assistent, sagt, er habe etwas »Magisches«.

Chris hat sein eigenes Boot, Bob hat sein eigenes Boot, Adrian hat sein eigenes Boot, denn auch in ihrer Freizeit mögen sie nicht von ihrem Fluss lassen, der allen etwas zu bieten hat – den Weiden eine Wasseroberfläche zum Streicheln, den Badenden frisches, klares Wasser für ihr Schwimmvergnügen, Ottern einen Lebensraum, den Anglern ihre Barsche, Karpfen und neuerdings auch wieder Lachse und den zwei alten Leutchen in ihrem Boot eine schattige Uferstelle für ihr Picknick. Bilder wie auf alten Postkarten. Adrian Swift sagt, der Fluss habe seine Möglichkeiten als Freizeitgewässer noch gar nicht voll ausgeschöpft. Mit 25.000 registrierten Booten sei die kritische Grenze längst nicht erreicht.

Und so mag denn »Father Thames«, wie man den Fluss auch nennt, noch tiefer hineinfließen in die englische Freizeitgesellschaft, mag eines Tages, wenn es nach Swift geht, gesäumt sein von einem dichten Spalier von Dusch- und Toilettenhäuschen – denn besser als die Schlachten, die in grauer Vorzeit an seinen Ufern geschlagen wurden, ist das allemal. Williams wird zu dieser Entwicklung noch ein bisschen beitragen. Mit 57 Jahren ist er von der Pensionsgrenze noch ein Stück weit entfernt. Aber allein der Gedanke daran erfüllt ihn mit Grauen. Er weiß jetzt schon, dass er das Leben im Rhythmus seiner Schleuse vermissen wird: Vier Minuten dauert es, die Schleusenkammer zu füllen, sieben, um ein Boot durchzuschleusen.

Adrian Swift liebt den Fluss am meisten im Winter – kahle Bäume, Nebel auf dem Wasser. Für Chris, den Assistenten, zählt nur der erste milde Tag, wenn er endlich wieder sein Boot flott machen kann. Und Bob Williams? Der sagt, er freue sich auf alle Jahreszeiten. Jede habe ihren ganz eigenen Reiz – außer, wenn das Wetter »wirklich schrecklich ist«. Im Winter sieht er manchmal zwei, drei Wochen kein einziges Boot. Da beschäftigt er sich dann mit Maler- und Reparaturarbeiten, denn die Schleuse muss ja gut in Schuss sein für den Ansturm im Sommer, wenn bis zu 150 Boote am Tag hier durchkommen. Boote wie die Pearly Gates, die eine weiße, schnittige Motoryacht ist. Ein Mann und eine Frau stehen auf Deck, beide in Shorts, der Mann mit tätowiertem Oberkörper. Williams begrüßt sie freundlich. Er kennt sie seit Jahren. Dann stemmt er sich gegen den langen Balken, um die Schleusenkammer zu schließen. Kein Job, wie gesagt, sondern ein kleines Glück, versteckt an einem Fluss.

August 2003

Blätter, die die Welt bedeuten

George Orwells elf goldene Regeln der Teezubereitung

Muss das sein? Um vier Uhr morgens aufstehen, durch die Morgendämmerung zu einem weit entfernten Flughafen fahren, von dort zu einem noch weiter entfernten Ort fliegen – und das alles wegen einer Tasse Tee? Newquay liegt im äußersten Südwesten, da, wo das Königreich ausfranst in den Atlantischen Ozean, nicht ganz leicht zu erreichen, aber die Surfer, die dort den idealen *surf* vorfinden, hat das noch nie abgeschreckt – und die Teeliebhaber auch nicht. Jedenfalls diesen hier nicht, der sich ermutigt fühlt zu dieser Reise durch den großen Dichter, von dem er nämlich gelernt hat, dass man den Tee und seine Zubereitung gar nicht ernst genug nehmen kann – und so gesehen ist das kleine Schlafopfer vielleicht genau der richtige Einstieg in das Thema.

Bob Poole vom Trenance Cottage Tea Room hatte gesagt, er würde uns am Flughafen von Newquay abholen. Der Eigentümer des besten *tea rooms* im Land, und irgendwie stellt man sich einen eleganten Herrn vor, dessen Leben darin besteht, bei gedämpfter Tanzmusik anderen eleganten Menschen exquisite Tees zu empfehlen. Bob Poole ist jedoch mehr der Typ Bär mit einem rot verbrannten Gesicht. Er war am Vortag draußen auf dem Meer fischen. Von Beruf ist er Bauunternehmer. Zumindest war er das, bis er in Newquay diese alte, heruntergekommene georgianische Villa gefunden, restauriert und mit seiner Frau Judy wieder zu dem gemacht hat, was sie mal war: Ein *tea room*, wo vermutlich auch der große Dichter gerne gesessen hätte, wenngleich es dem gewiss weniger auf das gemütliche Ambiente als auf die Qualität des Tees angekommen wäre.

Da nämlich war er eisern. Tee war für George Orwell »eine der Hauptstützen der Zivilisation«, und weil eine Tasse davon in seinen Augen nicht weniger als »perfekt« sein musste, hatte er für die Zubereitung »elf Regeln« aufgestellt, von denen er »jede einzelne als golden« ansah. 1946 war das, in einem Beitrag für den Londoner *Evening Standard*, nicht eben sein bedeutendstes Werk, aber doch eines, das eine ganze Menge aussagt über die *britishness* eines großen Briten und vielleicht ein ganz guter Anlass, ein bisschen darüber nachzudenken, was es eigentlich auf sich hat mit dieser offenbar unzerstörbaren Romanze zwischen der Insel und dem Tee, und das, obwohl doch der Rest Europas überwiegend aus Kaffeetrinkern besteht.

Elf goldene Regeln, und wenn sich die heute ein bisschen sehr streng lesen, dann liegt das vielleicht daran, dass sich da einer umso nachdrücklicher sein Ideal vom warmen, sicheren, häuslichen Leben mit der dampfenden Tasse Tee ausgemalt hat, je mehr es der gerade zu Ende gegangene Krieg zu zerstören versucht hatte. Also: Indischer oder ceylonesischer Tee muss es sein, sagt Orwell, das Geschirr muss aus Porzellan oder Steingut, die Teekanne vorgewärmt und der Tee stark sein. Er muss ungehindert von Beuteln oder Filtern im Wasser schwimmen, das Wasser muss kochen, der Tee muss umgerührt oder die Kanne geschwenkt werden. Man trinkt aus einer zylindrischen Tasse, benutzt rahmlose Milch, gießt erst den Tee in die Tasse und danach die Milch (nie umgekehrt) und trinkt den Tee stets ohne Zucker.

Judy Poole nickt bei fast allen Punkten, nur einmal sagt sie bedauernd »Sorry, George«, und das ist an der Stelle, wo von der Milch die Rede ist, und es ist fast so, als ob Orwell da mit Widerspruch gerechnet hätte. Er wisse, schreibt er, dass dies »einer der kontroversesten Punkte überhaupt« sei. In jeder britischen Familie gebe es zwei Ansichten zu dieser Frage, und obwohl »die Milch-zuerst-Schule« durchaus gute Argumente vorzubringen habe, so betrachte er seines doch als »unwiderlegbar«, weil man nämlich nur so die richtige Mischung hinbekomme, während man sonst Gefahr laufe, mit zu viel Milch den Geschmack zu ruinieren. Aber mit der Autorität der *Tea-room*-Besitzerin, deren Etablissement zweimal hintereinander zum besten im Königreich gewählt wurde, widerspricht Judy Poole. Die Milch mische sich besser, wenn sie vor dem Tee in der Tasse sei.

Bekommt man jetzt eine leise Ahnung davon, dass Tee hierzulande kein Thema ist wie jedes andere? Und dass es nicht übertrieben ist, wenn Orwell schreibt, seine Herstellung sei »Gegenstand heftiger Dispute«? Aber vielleicht kann es ja gar nicht anders sein in einem Land, wo nach den Worten von Bill Gorman, dem Direktor des Tea

Council, »jeder« ein Tee-Experte ist. Dabei war das nicht unbedingt zu erwarten gewesen nach den Anfängen unter Charles II (1630–1685) und seiner portugiesischen Ehefrau Katharina von Braganza, die als leidenschaftliche Teetrinkerin eine neue Mode auf der Insel kreierte – unter den Wohlhabenden. Weil der Tee hoch besteuert wurde und entsprechend teuer war, galt er als exotischer Luxus der Aristokratie. Das änderte sich erst viel später, aber dann etablierte sich der Tee so fest als Getränk der Massen, dass man sich im Ersten Weltkrieg nicht traute, ihn zu rationieren.

Im Zweiten ging es dann nicht mehr anders, aber die Beschränkungen änderten nur wenig an seiner Bedeutung für den Zusammenhalt der Nation, als Mut- und Muntermacher in schwerer Zeit. Churchill sagte, Tee sei wichtiger als Munition, und da war kein Widerspruch bei den Ausgebombten im Londoner East End, für die es wenigstens diesen kleinen Trost in Form der mobilen Teekantinen auf den Straßen gab. Personen über fünf Jahre bekamen zwei Unzen Tee pro Woche, und das war noch der Stand, als Orwell 1946 seinen Artikel verfasste, weshalb ja auch sein Plädoyer für den starken Tee ein bisschen problematisch war. Trotzdem: Anders dürfe Tee nicht sein, schrieb er, das verlange nun mal der wahre *tea lover*, denn eine Tasse starken Tees – sechs gehäufte Teelöffel auf einen guten Liter Wasser – sei besser als zwanzig schwache.

Naja, sagt da Jane Pettigrew, Geschmack sei nun mal eine Geschmacksfrage, und die Stärke sei doch wohl jedem selbst überlassen. Jane hat als

Tee-Expertin acht Bücher zu dem Thema geschrieben und schon von daher ein etwas weniger hochachtungsvolles Verhältnis zum Kollegen Orwell, und je länger sie sich mit dessen Regelwerk auseinander setzt, desto abfälliger werden ihre Kommentare. »'n Haufen Blödsinn«, sagt sie am Ende, eine »sehr männliche« Art sei das, sich mit dem Teetrinken zu befassen. Allein das Orwell'sche Gebot, ausschließlich indischen oder ceylonesischen Tee zu trinken, mit der Begründung, chinesischer Tee habe zu wenig anregende Wirkung (»Man fühlt sich nicht weiser, mutiger oder optimistischer danach«): »Quatsch«, sagt Jane und gießt gleichsam aus Protest einen chinesischen Lapsang Souchong auf.

Wie weise wir uns anschließend fühlen, ist schwer zu sagen, aber Optimismus haben wir, als der Oberkellner im Dorchester Hotel bedauernd mit den Schultern zuckt: Es sei kein Platz mehr frei beim *afternoon tea*, wir könnten indes gerne warten. Ja, natürlich warten wir, der Tee im Londoner Dorchester ist berühmt, berühmter noch als der im Ritz. Er steht in jener Tradition, die im 19. Jahrhundert begann, als die Upperclass den Nachmittag für sich entdeckte – zum Klatschen, zum Vorführen ihrer Kleider und, ach ja, zum Teetrinken natürlich auch. Ein Tisch sei nun frei, sagt der Oberkellner, der einen Frack trägt. Dezentes Klavierspiel, gelb schimmernde Marmorsäulen, ein Sofa zum Versinken. Halb liegend bestellen wir einen Darjeeling.

Aber es gibt natürlich auch kleine Happen, leichenblasses Toastbrot ohne Kruste. Das wirkt wie ein Service für Zahnlose, ist aber ebenfalls eine alte Tradition. Unkompliziert sollte beim *afternoon tea* das Brot zu essen sein, keine Gefahr für die Handschuhe und für's edle Tuch. So war das und so ist es, nicht zu verwechseln mit dem *high tea*, welcher proletarischen Ursprungs ist, ein Produkt der industriellen Revolution, bei dem es weniger auf den Tee ankommt als auf eine deftige Mahlzeit am Ende eines langen Arbeitstages. Doch das ist weit weg von diesem Saal, wo der Klavierspieler spielt, die Fräcke sausen und der Tee orwellgerecht in einer Porzellankanne gebracht wird. Ein kurzer Triumph. Gleich darauf füllt die Serviererin als Erstes Milch in die Tasse.

Der große Dichter hätte vermutlich nicht sehr viel Freude an seinen teetrinkenden Landsleuten, wenn er heute noch lebte. Als der Apostel des ungesüßten Tees zum Beispiel Mike Bunston zuzusehen, wie er sich auf der Terrasse seines Landhauses in Oxfordshire gerade einen gehäuften Teelöffel Zucker in die Teetasse füllt – würde er sich da nicht mit Grausen abwenden? Bunston, 61, war in seinen aktiven Jahren als *tea taster* tätig, es gab Tage, da hat er bis zu dreihundert Teesorten am Tag probiert, und wenn es eine aus Ostafrika war, seinem Spezialgebiet, dann konnte er allein aufgrund des Geschmacks die Plantage benennen. Er ist einer, der bei Reisen ins feindliche, kaffeetrinkende Ausland seinen eigenen Tee mitnimmt, ein Genießer, der auch mal einen Brandy trinkt, einen Whisky oder ein Glas Champagner, auf alles könnte er verzichten, sagt er – auf Tee nicht.

Vielleicht wäre das ja der Moment, wo Orwell dann doch noch Platz nehmen und womöglich – über den Zucker hinweg – sogar ein bisschen Gefallen finden würde an dem Mann, und zwar auch wegen dessen Empörung über das, was er an diesem Tag in der Zeitung lesen musste. Die Früchtetees seien im Kommen, hieß es da, die traditionelle Tasse Tee gerate zusehends ins Abseits. Die Meldung passt leider zum Trend: Die Briten sind zwar immer noch nach den Iren die größten Teetrinker der Welt, aber es ist weniger geworden. Früher trank jeder Erwachsene vier Tassen Tee am Tag, heute sind es nur noch drei. Trotzdem, sagt Mike Bunston, den das aufregt, »zu sagen, wir wären keine teetrinkende Nation mehr, wäre …«, und dann ringt er nach einem passenden Vergleich, »… wäre so, als würde man sagen, wir wären kein christliches Volk mehr«.

Nein, so weit wird es nicht kommen in einem Land, wo sie die Zukunft nicht aus dem Kaffeesatz, sondern aus den Teeblättern lesen und wo sie jedes Jahr sehr viel Mühe darauf verwenden, den besten *tea room* zu finden. Der Tea Council schickt dafür eine Reihe von Teeprobierern durchs Land, inkognito, versteht sich, erfahrene Leute wie zum Beispiel den Pensionär Mike Bunston. 25 *tea rooms* hat der in diesem Jahr besucht, und er war auch in Newquay im Trenance Cottage Tea Room der Pooles, dem Gewinner der Jahre 2001 und 2002. 110 Punkte hat er 2003 vergeben, fast das Maximum, aber gewonnen hat dann am Ende doch ein anderer. Den Pooles war es recht so, ihnen war der Rummel um den zweifachen Preisträger ein bisschen über den Kopf gewachsen.

Heute ist ein sommerlicher Tag, die meisten Gäste sitzen draußen im Garten. Um 17 Uhr, als die Pooles wie gewöhnlich schließen, sind 130 Tassen Tee verkauft. Aufgebrüht haben sie freilich mehr, denn allein Judy trinkt acht bis zehn Tassen am Tag, drei davon morgens zum Aufwachen. Ohne die, sagt sie, käme sie nicht in die Gänge. Ein Leben ohne Tee kann sie sich nur schwer vorstellen, und vielleicht ist dies ja auch gar nicht mehr möglich im Selbstverständnis einer Nation, die sich daran gewöhnt hat, kleine und große Krisen über einer Tasse Tee zu lösen. Als 1853 Windsor Castle in Flammen stand und das Entsetzen groß war bei Hofe, was tat da Königin Victoria inmitten des rußgeschwärzten Chaos? Richtig, sie ließ für alle Tee kommen.

So ist es geblieben bis heute. Ob es etwas zu verdauen oder zu betrauern gibt, ob man reden will oder einfach nur entspannen, stets heißt es: Setz mal den Kessel auf. So jedenfalls erzählen es die Teetrinker und verschweigen dabei vielleicht, dass ihre Kinder statt zum Herd womöglich zum Kühlschrank gehen und eine Cola herausholen. Aber das soll nur am Rande angemerkt werden, genauso wie die in den Augen Orwells gewiss schändliche Tatsache, dass, anders als im Trenance Cottage Tea Room, der Tee im Land fast nur noch mit Hilfe von Teebeuteln aufgebrüht wird – also jenen »Vorrichtungen« zum »Einsperren« des Tees. So hat der Vorkämpfer für den frei schwimmenden Tee das seinerzeit voller Verachtung formuliert.

Klare Ansichten hatte der Mann, nur durchgesetzt haben sie sich nicht, noch nicht mal die zu der Frage, ob es ungehobelt ist, seinen Tee aus der Untertasse zu schlürfen. Der große Dichter fand nichts dabei, aber bei Judy und Bob wäre er damit nicht zum Stammgast geworden. Schlürfen? Judy stößt etwas aus, das man durchaus als spitzen Schrei bezeichnen kann. »Vulgar«, sagt sie dann, »very vulgar.« Schlürfen ist bei ihr verpönt, in jeder Form. Und wie bitteschön ist es richtig? Da spricht sie einen Satz, in dem die Worte *to sip* (nippen, schlückchenweise trinken) und *delicately* (fein, vornehm) vorkommen – allen Dichtern zur Warnung.

Juni 2003

In neunzehn Stunden um die Welt

Eine leidenschaftliche Wette im Kosmos der »tube«

Eben war es noch fünf Uhr morgens und stockdunkel, jetzt ist es nach Mitternacht und stockdunkel, und, nein, sagt der Polizist, der die Treppe zur U-Bahn-Station Heathrow herunterkommt, es gingen jetzt keine Bahnen mehr – »Betriebsschluss, you know?« Wir beiden U-Bahn-Fahrer sehen uns an und unsere Gesichter sagen, dass wir erleichtert sind. Die neunzehn Stunden sind zwar schnell vergangen, viel zu schnell, wenn man es genau nimmt, aber wer sie fast nur in wechselnden U-Bahnen verbracht hat, der weiß, was er getan hat. Erleichterung also, und doch auch ein bisschen Enttäuschung, denn mit dem Ergebnis könnten wir vor Andy nicht bestehen und vor Rolf schon überhaupt nicht. *Es gibt ein paar Dinge, die man über Rolf wissen sollte. Zum einen ist es so, dass er einfach alles weiß. Jedenfalls was U-Bahnen angeht. Rolf hat die Statistiken über das Fahrgastaufkommen ab dem Jahr 1890 im Kopf. Er kann das Zischen des Absperrventils der Züge der Piccadilly Line perfekt imitieren. Der Mann ist ein Besessener.*

Es gibt schönere Orte als die U-Bahn-Station Morden um fünf Uhr morgens. Es ist kalt, es ist nass, aber es muss Morden sein, denn hier hat auch Andy angefangen nach jener Nacht, als er sich von Rolf zu dieser Irrsinnswette hatte provozieren lassen. Zwei Londoner U-Bahn-Verrückte in einer Kneipe beim Fachsimpeln über *rollendes Material oder Spurweiten – worüber man eben so redet*. Bier wird getrunken, viel Bier, und nach dem fünften Glas wetten sie. Andy wettet, dass er es schafft, am nächsten Tag zwischen Betriebsbeginn und Betriebsschluss das gesamte Londoner U-Bahn-Netz mit seinen 265 Stationen abzufahren, und was davon abhängt, ist nicht weniger als die Zukunft mit Rachel, der Frau, die er am übernächsten Tag heiraten will. Denn zum Wetteinsatz gehören neben Kreditkarte und Pass auch die Reservierungsunterlagen für die Hochzeitsreise nach Antigua. Auf was er sich da eingelassen hat, dämmert Andy ein paar Stunden später, als er frierend, unausgeschlafen und verkatert in Morden steht: *»Ich habe praktisch mein Leben aufs Spiel gesetzt.«*

Man möchte es nicht glauben, aber es gibt tatsächlich schon Passagiere, die zu dieser nachtschlafenden Zeit in Morden auf den ersten Zug der Northern Line vom Süden Londons ins Stadtzentrum warten. Acht Personen und eine Taube haben sich an der Bahnsteigkante aufgereiht. Bei Andy waren es vier Personen, darunter ein Penner, und Andy kann geradezu riechen, wie ihm dessen *Bieratem* über den Rücken streicht. Der Zug kommt auf die Minute pünktlich, alle steigen ein und die Taube stellt sich an eine gelbe Haltestange. Von dem Penner Brian fühlt Andy sich anfangs abgestoßen, aber dann wird er zu seinem Begleiter auf dem Marathon durch den Londoner Untergrund – zu einem sehr wertvollen, wie sich herausstellen wird. Macht demnach Sinn, das Unternehmen zu zweit anzugehen, zumal, wenn man wie ich nicht gerade die besten Voraussetzungen mitbringt für eine solche Tour. Zunächst einmal bin ich kein U-Bahn-Verrückter, jedenfalls kein richtiger. Dieses Adelsprädikat steht mir leider nicht zu, was man schon daran erkennt, dass ich anders als Andy keine Unterhosen mit dem aufgedruckten U-Bahn-Plan trage und auch nicht die Haltestellen der Central Line in richtiger Reihenfolge auswendig kann. Was indes viel schwerer wiegt: Ich habe schlechte Augen und keinerlei Orientierungssinn. Dafür aber habe ich einen Schwiegersohn namens Andreas, der allerdings kein Penner ist und anders als Brian wohl auch nicht auf die Idee käme, sich bei der Morgentoilette den Zahnpastaschaum mit Dosenbier auszuspülen. Das mag man unter dem Aspekt der Authentizität als Nachteil ansehen, aber der wird dadurch aufgewogen, dass der Junge Augen hat wie kein Zweiter und noch nie in seinem Leben eine Abzweigung verpasst hat. Kurzum: Ein Blindenhund, wie man ihn sich idealer nicht vorstellen kann, mit kleiner Blase zwar (davon später), aber genau wie sein Schwiegervater mit umso größerem Herzen für die, wie Andy das bewundernd nennt, *Hure des Eisenbahnverkehrs*. Genau genommen sind es ja viele Huren, weil es sich um viele Linien handelt, alte, junge, flotte, langweilige, und die *heruntergekommenste, verlebteste, ausgezehrteste* ist die Northern Line, zumindest die südliche Hälfte. Deswegen hat Andy ja auch da angefangen. Hohe Selbstmordraten, überdurchschnittlich viele Gewaltverbrechen, versiffte Haltestellen – so etwas bringt man möglichst schnell hinter sich.

Andreas und ich würden das auch gerne, aber schon an der dritten Station Colliers Wood gibt es Probleme. Die Türen schließen nicht ordentlich, die Passagiere müssen aussteigen und der Zug muss aus dem Verkehr gezogen werden. Na klasse: 265 Stationen, und schon bei der dritten die erste Verspätung. Fünf Minuten dauert der unplanmäßige Zwischenstopp. Danach geht eigentlich alles wie am Schnürchen, und doch haben wir in Epping, das ist im äußersten Nordosten die Endstation der Central Line, gegenüber Andy bereits einen Rückstand von 24 Minuten. Gewiss, Andreas und ich sind im Gegensatz zu Andy und Brian beim Umsteigen in der Tottenham Court Road nicht gerannt und haben deshalb vielleicht nicht den frühestmöglichen Zug erwischt, aber allein deswegen schon so weit hintendran? Oder gibt es vielleicht noch eine andere Erklärung? Könnte es sein, dass man zwangsläufig nicht mitkommt, wenn man gegen eine Romanfigur anfährt? So, nun ist es heraus, und vielleicht haben Sie es ja schon geahnt: Andy, Rolf und Brian leben nur in der Phantasie des Londoner Autors Keith Lowe, die Wette und ihre Folgen sind der Stoff seines Erstlingsromans »Tunnel Vision«, in der deutschen Ausgabe »Auf ganzer Linie«.

Eine erfundene Geschichte, die aber ihren Charme auch daraus bezieht, dass sie sich so ähnlich durchaus abgespielt haben könnte. Denn es gibt sie, diese Londoner U-Bahn-Verrückten, und sie sind sogar organisiert. Wer zum Beispiel immer schon mal wissen wollte, wo sich ein bestimmter U-Bahn-Wagen an einem, sagen wir, Montag um 13.40 Uhr gerade im Streckennetz befindet, der muss sich nur an die London Underground Railway Society wenden. Die hat Mitglieder, die würden sich wahrscheinlich artig bedanken für die hochinteressante Frage – und sie ohne Zögern beantworten. Auch die Parforcetour durchs ganze Netz ist längst Realität. Der Weltrekord lag bei 18 Stunden und 19 Minuten, bis im Jahr 2000 erstmals einer das neue Teilstück der Jubilee Line mit einbezogen und das Ganze ebenfalls an einem Tag geschafft hat – in 19 Stunden, 59 Minuten und 37 Sekunden. Autor Lowe hat all das jahrelang recherchiert und mit viel Liebe zum Detail in sein ebenso witziges wie unterhaltsames Buch einfließen lassen, nur: Dichterische Freiheit ist dichterische Freiheit und die Ankunftszeit in Epping vermutlich auch eine dramaturgische Frage.

Wir fahren weiter. Wir fahren zurück in die Stadt und dann wieder hinaus, diesmal ein Stück weiter östlich nach Upminster. Das Schöne an diesen Stichstrecken in die Vororte ist die Schnelligkeit, mit der man Stationen frisst. Kein Umsteigen, kein Hetzen durch die labyrinthischen Gänge der großen Knotenpunkte im Zentrum, keine Treppen rauf, keine Treppen runter – einfach nur sitzen, in aller Ruhe Stationen abhaken und dabei die mitgebrachten Butterbrote essen. Das Frustrierende an diesen Stichstrecken aber ist, dass man sie wieder zurückfahren und dabei dieselben Stationen passieren muss – nur dass die nun nicht mehr zählen. Aber Hauptsache, es geht immer weiter, nur ja kein Stillstand, bloß keine Unterbrechung, und deshalb ignoriere ich es auch, als ich kurz vor zehn jemanden neben mir sagen höre, er müsse mal. Draußen ist es grau und neblig, ein Tag, der eigentlich gar keiner ist – wie geschaffen, um ihn in der U-Bahn zu verbringen, allerdings nicht für Menschen, die ein gewisses Bedürfnis verspüren. Mir ist im Londoner U-Bahn-System noch nie ein Klo aufgefallen.

Kurz danach sind wir wieder in der Central Line. *»Kiss me!« Der Neuankömmling ist klein und braun und sieht aus, als stamme er aus Südostasien. Er wirkt irgendwie unbefleckt, als würde die U-Bahn-Patina noch nicht an ihm haften. »Kiss me, kiss me!«, sagt er und schiebt sich durch die Menge.* Man trifft die sonderbarsten Menschen in der *tube,* wie die Londoner ihre U-Bahn nennen. Solche, die über die Maßen höflich, aber nicht in der Lage sind, die Worte »excuse me« richtig auszusprechen, oder solche, die plötzlich als Entertainerinnen auftauchen für zwei verbissene Weltrekordversucher – und es wahrscheinlich selber gar nicht wissen. Zwei junge Frauen, beide blond: flüstern und gackern los, flüstern und gackern los, und das in einem fort. Die beiden verbissenen Weltrekordversucher müssen sich nun tatsächlich etwas verbeißen, das Lachen nämlich, und die Frage, ob es eine Katastrophe ist, dass der Zug plötzlich mitten auf der Strecke stehen bleibt, ist auf einmal gar nicht mehr so schrecklich wichtig.

Dann ein Knacken in der Lautsprecheranlage.

Der Lokführer meldet sich. Er entschuldigt sich und sagt, die Verzögerung habe ihren Grund darin, dass es vor dem nächsten Bahnhof einen Rückstau gebe – »zu viele Züge versuchen, sich in einen zu kleinen Ort zu quetschen«. Etwas Komischeres hätte er nicht sagen können. Die beiden Blonden gackern nun nicht mehr, sie kreischen. »… in einen zu kleinen Ort zu quetschen«, prustet die eine, und sie kreischen noch mehr. An der Station King's Cross St. Pancras müssen wir die Vorstellung leider verlassen, und Andreas scheint sich an etwas zu erinnern. Sehnsüchtig lässt er seine Blicke schweifen, und als er nicht findet, was er sucht, murmelt er etwas, das klingt wie »menschenverachtende U-Bahnhöfe« – oder so ähnlich. Sein Schwiegervater sieht nicht nur schlecht, er hört plötzlich auch schlecht. Die nächste Stichstrecke bringt zehn Stationen, erhöht das Konto auf neunzig und endet in Edgware im Londoner Norden. Diesmal werden wir nicht zurückfahren, sondern es wie Andy und Brian machen und von Edgware mit dem Bus hinüber zur Nachbarstrecke nach Mill Hill East fahren. Öffentliche Verkehrsmittel wie Busse sind erlaubt.

Auf dem Weg zur Bushaltestelle macht mein Schwiegersohn einen verbitterten Eindruck. Aber dann plötzlich und unerwartet das Schild, das er schon die ganze Zeit gesucht hat. Glückseligkeit in Edgware. Den Namen wird Andreas auf ewig in seinem Gedächtnis speichern. Unter H wie Humanität. Die Nachbarstrecke bringt elf Stationen und die Bekanntschaft mit dem schönen Bahnhofsnamen Totteridge & Whetstone. Immerhin, wir sind jetzt bei über hundert Stationen und mein U-Bahn-Plan, auf dem ich jede einzelne abgehakt und nummeriert habe, sieht durchaus nach Arbeit aus. In der Bakerloo Line fällt der Blick eines Sitznachbarn darauf und er fragt: »Alle Stationen? An einem Tag?« So muss es sich anhören auf halber Höhe am Mount Everest – wollen Sie heute noch bis zum Gipfel? Als der Mann aussteigt, dreht er sich noch einmal um und sagt: »Viel Glück.« Er sieht aus, als wolle er am liebsten seine Aktentasche wegstellen und mitkommen. Nun ja, für angehende Weltrekordler wird er uns nicht gehalten haben, aber vielleicht für U-Bahn-Verrückte – und das, wäre das nicht ein tolles Kompliment, für das sich der ganze Aufwand schon gelohnt hätte?

Nein, ein Weltrekord wird es gewiss nicht werden, Andy ist auch nicht mehr zu schlagen, aber eines haben wir ihm voraus. Am Ende seiner Tour, als er sich schon wie der Sieger fühlt, stellt Andy plötzlich zu seinem großen Entsetzen fest, dass er die Station Mornington Crescent ausgelassen hat. Wir haken sie um 13.36 Uhr ab. Da sind wir wieder mal auf der Northern Line, der ältesten unterirdischen Bahnstrecke der Welt und der einzigen, die man auch mit verbundenen Augen erkennen würde – und zwar an ihrem Geruch. Sie riecht nach *uraltem Staub, verbranntem Gummi und abgestandenem Alkohol*, findet Andy, *nach Elend*, findet Brian, »nach Maschinenöl«, findet Andreas. Brian ist sehr philosophisch in der Charakterisierung der einzelnen Linien. Von der Central Line etwa sagt er, sie rieche *nach Leben. Nach Leben und*

Neubeginn. Und die Victoria Line? Die riecht im Moment eindeutig nach den Ausdünstungen von viel zu vielen Menschen, die sich in einen zu kleinen Ort gequetscht haben. Sich dazuzuquetschen und sich zu fühlen wie *vakuumverpackte Würstchen* ist nicht lustig, aber es muss sein.

Langsam arbeiten wir uns vor von Osten nach Westen, die Rushhour kommt, die Rushhour geht, irgendwann am frühen Abend hat man wieder genug Bewegungsfreiheit, um sich zum Beispiel mal die Nase zu putzen. Anschließend ist auf dem Taschentuch ein schwarzer Fleck. Es handelt sich dabei um den U-Bahn-Staub, der sich in der Nase absetzt, und der wiederum besteht ... bitte, Andy: *zu fast fünfzig Prozent aus dem Eisen, das durch die Reibung der Bremsen abgeschliffen wird. Deswegen ist der Staub auch so schwarz.* Da fragt man sich natürlich, wie beim langjährigen Londoner U-Bahn-Pendler wohl die Lunge von innen aussehen mag, aber im Moment können wir uns der Frage gerade nicht widmen, denn wir sind in der Station Kensington (Olympia), und das ist gewissermaßen ein historischer Ort, denn hier hat die Geschichte zwischen Andy und Rachel begonnen. Eine große Liebe, wenn sie auch durch Andys U-Bahn-Tick ein bisschen belastet wird. Rachel empfindet nur Hass für die U-Bahn, und der wird dadurch nicht geringer, dass sie von ihrem Zukünftigen weiß: *Sollte er je zu einem Psychiater gehen und die allseits bekannten Tintenkleckse vorgelegt bekommen, dann würde er wahrscheinlich bei allen sagen, dass sie Zügen oder Gleisen oder Ähnlichem glichen. Wo andere Leute ein Paar beim Sex vor Augen haben, würde Andy das Stellwerk von Willesden Junction sehen.*

Im Bereich von Kensington (Olympia) war es auch, wo Hitlers Bomben 1940 große Schäden an der U-Bahn angerichtet haben – für Rolf das schlimmste Verbrechen überhaupt. Für Andreas und mich aber bedeutet der Bahnhof Kensington (Olympia), dass wir zur Abwechslung wieder mal ein Stück laufen, um Zeit zu sparen. Das zumindest ist die Absicht. »Nur fünf Minuten«, sagt der Angestellte von London Underground, »immer die High Street Kensington hinunter.« So machen wir es. Wir rennen nicht, aber wir gehen recht schnell. Wir gehen und gehen, und als uns auffällt, dass irgendetwas nicht stimmt, sind wir über eine halbe Stunde gegangen. Den ganzen Tag über haben wir uns kein einziges Mal verfahren, haben uns dank Andreas' Scharfblick in den Irrgärten des Londoner Untergrunds glänzend zurechtgefunden, aber darüber haben wir offenbar die Fähigkeit verloren, über der Erde klarzukommen. Wir sind am Bahnhof High Street Kensington einfach vorbeigegangen. Sogar ich hätte den sehen können. Als wir die verdammte Station endlich erreichen, haben wir 45 Minuten verschenkt. Ein Desaster.

Das nächste folgt kurz danach in der Station Baker Street. Hier wollen wir von der Hammersmith & City Line in die Jubilee Line umsteigen – die Fahrt raus nach Stanmore soll uns dreizehn Stationen bringen. Aber dieser beträchtlichen Kontoaufbesserung ist ein Hinweisschild im Weg. Darauf steht, dass es wegen Renovierungsarbeiten an den Rolltreppen derzeit keine Anschlussmöglichkeit zur Jubilee Line nach Stanmore gibt. Der gewöhnliche und an derlei Hindernisse gewöhnte U-Bahn-Fahrer würde das vermutlich mit einem resignierten »Oh dear« zur Kenntnis nehmen – für uns U-Bahn-Verrückte aber ist das der Stoff von Albträumen. Was tun? Unser Konto weist 177 Stationen aus, es ist kurz vor 21 Uhr. Viel Zeit bleibt nicht mehr, eigentlich kann es jetzt nur noch um die Ehre gehen, und das heißt: Alle Strategie aufgeben, Andys Reiseroute verlassen und wahllos so viele Stationen zusammenkratzen wie irgend möglich, damit wenigstens noch ein halbwegs respektables Ergebnis zu Stande kommt. Unter zweihundert Stationen dürfen wir nicht bleiben, das wäre schändlich.

Wir stürzen uns auf die Metropolitan Line raus nach Amersham, aber die fährt um diese Tageszeit an den meisten Stationen vorbei – nicht ahnend, was sie uns damit antut. Es gelten nur Stopps. Zu allem Überfluss müssen wir in Amersham auch noch sechzehn Minuten auf den Zug zurück warten. Verloren stehen wir in der *typisch stillen Endhaltestellen-Atmosphäre* auf einem nasskalten Bahnsteig und stieren in den dichten Nebel rundherum, in dem zweifelsohne ein Würger lauert oder doch wenigstens ein Messerstecher. Unangenehm, der Ort. Aber dann sind wir in der Piccadilly Line, und jetzt auf der Fahrt nach Heathrow wird zum Abschluss noch mal richtig abgeräumt. Im Wagen ist Bier verschütt gegangen, eine leere Flasche torkelt im Rhythmus des Zuges durch den Gang und um die hohen Hacken einer Vorstadtschönen mit goldenem Handtäschchen. So ist das in der U-Bahn, wenn der Tag zu Ende geht. Passagiere, die mit Block und Plan hantieren, die kleine Häkchen machen und Zahlen eintragen und dabei immer erfreuter aussehen, erlebt sie um diese Zeit selten. Die Station Ealing Common ist die zweihundertste. Heathrow die zweihundertelfte.

Keine Ruhmestat, und dass Andy es auch nicht geschafft (Rachel aber trotzdem bekommen) hat, ist nur ein kleiner Trost. Ein bisschen Enttäuschung, ein bisschen Erleichterung, wie gesagt, aber da ist noch etwas. Etwas Merkwürdiges, das man nach dieser Tortur nicht vermuten würde: Wehmut, dass es zu Ende ist. Im Taxi, auf dem Weg nach Hause, sagt Andreas, irgendwann würde er es gerne noch mal versuchen. Und falls nicht, dann wird uns doch die Erinnerung bleiben – die Erinnerung an Totteridge & Whetstone, an die Gackerhühner in der Central Line, an die Taube neben der gelben Haltestange. Ach ja, die Taube. Sie sah aus, als wollte sie mit der *tube* ins Büro fahren. Und wenn schon: Die *tube* befördert alles, was kommt, sie zählt ihre Kundschaft nach Millionen, sie ist immer und überall präsent, doch, doch, Andy hat schon Recht: Sie ist *total cool*. U-Bahn-Verrückte wissen das, und die, die es mal für neunzehn Stunden waren, wissen es auch.

Dezember 2002

Der letzte Stapellauf

Weinende Männer, Kapern im Glas und ein Meer voller Erinnerungen

Früher. Sie reden alle von früher. Gerade so, als ließe sich durch das Beschwören der Vergangenheit die Gegenwart etwas erträglicher machen. Andrew Kane zum Beispiel. Bei dem klingt es direkt ein bisschen sehnsüchtig, wenn er erzählt, wie das früher war, in den siebziger Jahren, als das Gelände noch widerhallte vom Kreischen der Bohrer und vom Schlagen der Hämmer. Zwar waren das schon gar nicht mehr die großen Zeiten, aber bessere als heute allemal. Die Funken stoben noch, die Kräne stemmten unermüdlich tonnenschwere Lasten und aus dem Boden wuchsen riesenhafte Rümpfe, Schiffsrümpfe – Spant um Spant, Stahlplatte um Stahlplatte, Nietnagel um Nietnagel. Oder Henry Blackwood. Der hat als Kind in den sechziger Jahren vor dem Elternhaus in der Dee Street gestanden, nachmittags, wenn die Schicht zu Ende war und die Straße schwarz wurde vor Menschen. Ein Blackwood war immer dabei, erst der Großvater, dann der Vater, später Henry. Und heute? Henry Blackwood haben sie schon arbeitslos gemacht, Andrew Kane hat gerade seinen Brief bekommen. »Mit Bedauern«, steht da. Was ein Personalchef halt schreibt in so einer Situation.

Wenn die jüngste Entlassungswelle vorbei ist

bei Harland and Wolff in Belfast, dann werden gerade einmal noch 121 Arbeiter übrig sein – ein Nichts verglichen mit der Armee von 35.000 Mann, die die Werft einmal befehligt hat. Noch zwei Schiffe, und dann wird eine stolze Tradition der Vergangenheit angehören. Hintereinander liegen sie im Dock, fertig das eine, fast fertig das andere. Es sind große, klobige Transportschiffe, die das Verteidigungsministerium vor zwei Jahren orderte. Der Auftrag damals hatte der Werft eine letzte Galgenfrist beschert. Nun aber sind die Auftragsbücher leer, die Werft liegt so still da wie ein Friedhof, und jenseits der Queens Road, die das Gelände durchschneidet, haben sie schon angefangen, eine andere Zukunft vorzubereiten. Das war einmal der betriebsamste Teil des Werftgeländes, große und berühmte Schiffe sind dort vom Stapel gelaufen – darunter das berühmteste überhaupt. Heute ist es ein leer geräumtes Ödland, wo sich bald futuristische Architekten austoben und ihre Vorstellung von urbaner Erneuerung realisieren wollen.

Es ist ein regnerischer Tag, der die Ödnis noch ein bisschen öder erscheinen lässt, nur die kleinen, welken Blumengebinde wollen nicht dazu passen. Blumengebinde? Auf einem aufgelassenen Werftgelände? Sie liegen am oberen Ende einer zum Wasser hin leicht abschüssigen Rampe. »Helling« ist der Fachausdruck dafür, der Bauplatz für Schiffe, und auch wenn man es heute nicht mehr vermuten möchte – dies war der Bauplatz für das Schiff aller Schiffe, und als es im Mai 1911 nur mehr wenige Tage waren bis zum Stapellauf, da nahm der Schreiner Frank Parkinson, der mitgearbeitet hatte an dem Wunderwerk, seinen Sohn John einmal mit auf die Werft. Der war ein kleiner Johnny, und so ein Riesenschiff hatte er noch nie gesehen. »Kannst du das riechen, Junge?« Der Kleine sog die Luft ein, und was er roch, waren all die Tonnen Seife und Schmiere, mit denen man die Helling glitschig gemacht hatte für den großen Augenblick. »Und wenn sie dann all die Bremsklötze wegnehmen, Sohn, dann wird das Schiff hinuntergleiten ins Wasser.« Der Junge betrachtete den gewaltigen Rumpf und mochte es nicht glauben. »Aber Dad, wie kann so ein großes Schiff denn über Wasser bleiben?« Der Schreiner Frank Parkinson lächelte, als er seine Antwort gab: »Sohn, dieses Schiff wird immer über Wasser bleiben.«

John Parkinson ist heute ein Mann von knapp 96 Jahren und vielleicht der letzte in Belfast, der die Titanic noch gesehen hat. Wir treffen uns im Foyer des Hotels Europa. Da sitzt man normalerweise zu einem Tee oder Kaffee, aber der alte Parkinson packt auf den Tisch, was er in einer Tasche mitgebracht hat – einen Hammer, einen Schraubenzieher, einen Meißel, einen Fuchsschwanz, ein Winkeleisen. Schweres, solides Handwerkszeug, das seinem Vater gehörte, als er in den Salons der Titanic an der Holzvertäfelung arbeitete. Über den Untergang des Schiffes sei er, der Vater, nie hinweggekommen, sagt der Sohn, aber Harland and Wolff sei er treu geblieben bis zuletzt. Und weil es damals so Brauch war in vielen Familien, ist ihm John im Alter von sechzehn Jahren auf die

Werft nachgefolgt – als Schreinerlehrling. Zeitweilig arbeiteten Vater und Sohn Parkinson in derselben Werkstatt, und das wird ihnen so solide vorgekommen sein wie ein Job bei der Bank von England. Denn Harland and Wolff hatten einen Ruf als die bedeutendsten und produktivsten Schiffsbauer der Welt.

Das Erfolgsrezept? Die alten Fotos geben keinen Aufschluss. Edward Harland, der Mann aus Yorkshire, der sich hochgearbeitet hatte vom kleinen Lehrling – stattlich, blond, dichter Backenbart, der Hals eingezwängt in einen steifen Kragen. Streng. Typ Kapitän. Gustav Wilhelm Wolff, Spross einer jüdischen Hamburger Kaufmannsfamilie, erst Harlands Assistent, dann sein Partner – schütteres, dunkles Haar, Spitzbart, der Kragen nicht minder steif. 1861 taten sie sich zusammen, Harland, der praktische Schiffsbauer, Wolff, der umsichtige Manager. Mit nur 48 Mann fingen sie an, aber bald waren es ihre Schiffe, die im Dienste des Empires um die Welt fuhren, entlegene Außenposten mit Soldaten und Kolonialbeamten versorgten und mit Rohstoffen wieder heimkehrten. Legendär aber wurde die Firma durch die überaus luxuriösen Passagierdampfer für den Atlantik-Verkehr, und es waren zwei dieser frühen Schiffe, die Harland and Wolff ihre Spitznamen einbrachten, als sie später Abgeordnete wurden im Londoner House of Commons. »Teutonic« nannte man den einen, und das war natürlich Wolff, und »Majestic« den anderen.

Eine Ära war das, und wenn man heute noch ein bisschen was davon spüren will, dann muss man Michael McCaughan besuchen. Der ist Kurator im Belfaster Transportmuseum und Autor eines Buchs über die Titanic. Einerseits findet er es traurig, den Untergang der letzten großen britischen Werft mitzuerleben, andererseits aber sieht er natürlich all die aufregenden Möglichkeiten, die sich aus ihrem Verschwinden für ihn, den Museumsmann, ergeben. Er hat schon einiges gesammelt, zum Beispiel das Fotomaterial der Werft, das jetzt fein säuberlich in über hundert Alben klebt und eine komplette Dokumentation des Schiffsbaus vom Ende des 19. Jahrhunderts bis heute darstellt. Eines ist darunter, da sieht man den deutschen Kaiser, wie er in Begleitung des Prinzen von Wales die Teutonic besucht. Der pompöse Aufzug, das gockelhafte Gehabe – ein Dokument auch des Zeitgeists. McCaughan sagt, der Kaiser sei sehr beeindruckt gewesen und habe anschließend sofort veranlasst, den Schiffsbau in Deutschland zu fördern.

Aber es sind nicht nur die Fotos. Immer, wenn er erfährt, dass bei Harland and Wolff wieder ein Gebäude platt gemacht werden soll, dann sucht McCaughan es vorher durch und stellt sicher, was die Nachwelt später vielleicht einmal interessieren könnte. Schiffspläne, Werkzeuge, Bauteile – einiges ist schon zusammengekommen, auch manches Kuriose. Alte Weinflaschen und edles Besteck hat McCaughan gefunden, auch ein Einmachglas mit Kapern drin. Das war, als er im *golden trough,* dem goldenen Trog, gestöbert hat. So nennen sie den Raum im ehemaligen Verwaltungsgebäude, wo einst die Bosse gespeist und ihre Geschäftspartner bewirtet haben. Es ist dies eines der wenigen Gebäude, das erhalten und genauso wie der Bauplatz der Titanic als Sehenswürdigkeit in die Neugestaltungspläne einbezogen werden soll. Vorher freilich wird man gründlich renovieren müssen, denn das Haus ist in einem beklagenswerten Zustand. Von außen geht es noch, aber wenn dann der Wachmann aufgeschlossen und die Tür geöffnet hat, dann könnte man sich fast ein bisschen gruseln.

Es ist kalt, duster und feucht. Durch das Dach regnet es, der Putz bröckelt von den Wänden, die Bodenplatten lösen sich – ansonsten aber ist dies jener Originalbau, wo einst geniale Autokraten geherrscht und, vielleicht bei einem Kaperngericht, mit den Reedern dieser Welt ihre Geschäfte gemacht haben. Der finstere Flur – das war einmal, wie sie früher ehrfürchtig geflüstert haben, der *corridor of power*, wo die Zimmer der Chefs abgingen. Und dann steht man plötzlich in einem Raum, den man schon kennt von den Fotos des Michael McCaughan, nur dass er da voll ist mit langen Zeichentischen und Schiffsbauingenieuren dahinter, die so gravitätisch aussehen wie Sekretärsvögel. Jetzt ist der Raum leer, aber es ist unverkennbar derselbe – leicht zu erkennen an der zylindrischen, zum Teil transparenten Decke. Die lässt reichlich trübes Belfaster Novemberlicht herein, und wenn man jetzt Schiffsbauingenieur wäre, würde man sich vielleicht etwas schwer tun beim Zeichnen.

Etwas gespenstisch, wie gesagt, und trotzdem: Man kann sich noch vorstellen, wie das hier war im Zentrum britischer Schiffsbauermacht; es ist nur die Phantasie ein bisschen anzustrengen, und schon sieht man den kleinen, flinken Büroboten in seinen kurzen Hosen durch die Flure huschen – durch den Flur der Macht und die anderen. Es ist ein nicht mehr ganz so kleiner Johnny, aber groß ist er auch noch nicht, die Schreinerlehre wird er erst in einem Jahr beginnen. Ewig lange ist das her, und so wie es war, wird es das nie wieder geben: Ein Unternehmen, wo sie alles, aber auch wirklich alles selber gemacht haben, und zwar bis hin zu den Decken- und Wandverzierungen in den prachtvollen Sälen ihrer Luxusliner. Dafür gab es bei Harland and Wolff eigens ein Studio für Maler und Künstler. Es war nicht zuletzt diese Liebe zum Detail, die Harland and Wolff zu einer industriellen Ikone gemacht hat, doch um sich in einem äußerst unbeständigen Markt zu behaupten, bedurfte es vor allem großer Wandlungs- und Anpassungsfähigkeit – und auch die hatte man.

Als im Krieg Minensucher, Kreuzer und Flugzeugträger gebraucht wurden, war Harland and Wolff sogleich zur Stelle. Als Churchill zwecks Täuschung des Feindes so genannte »dummy warships« forderte, also Attrappen, die nur so aussahen wie Kriegsschiffe, ging man in Belfast ohne Zögern daran, Frachtschiffe entsprechend umzurüsten. Und als später in Friedenszeiten der Markt nach Supertankern für's Ölgeschäft verlangte, da waren sie auch dieser Herausforderung gewachsen und hoben ein riesiges neues Dock aus, Europas größtes. Doch dann kam 1973 die Ölkrise, die Nachfrage nach Öltankern sank, und wenn noch Aufträge vergeben wurden, dann meistens an die viel preisgünstigeren Werften im fernen Osten. Es war in diesen Jahren, dass Andrew Kane als Sechzehnjähriger bei Harland and Wolff anheuerte, einer Firma, die noch immer einen großen Ruf hatte und noch 12.000 Arbeiter beschäftigte – und doch den Keim des Verfalls schon in sich trug. Die Gentlemen mit ihren Bowlerhüten waren abgetreten und ihre Nachfolger hatten seit 1964 keinen Profit mehr gemacht. Mühsam hatten sie sich mit Regierungsgeldern über Wasser gehalten, und als die Werft 1989 nach vierzehn Jahren im Staatsbesitz reprivatisiert wurde, da hatte sie Subventionen von 625 Millionen Pfund verschlungen.

Es war dies der Preis für ein politisches Kalkül. Harland and Wolff war schließlich nicht nur der größte Arbeitgeber Nordirlands, sondern auch eine Bastion der protestantischen Arbeiterklasse. Die Pleite gerade dieses Unternehmens hätte die latenten Spannungen neu anheizen können. Aber auch wenn der große Knall vermieden wurde – der schleichende Niedergang war offensichtlich. Andrew Kane merkte das an den Gerüchten. Die kündeten von Schwierigkeiten und halbvollen Auftragsbüchern und verdichteten sich zu dem Eindruck, dass die Firma ihre Zukunft schon hinter sich hatte. Kane sagt, er habe »niemals« das Gefühl gehabt, dass es gut gehen könnte, und deshalb hat er auch lange gezögert, ehe er eine Hypothek aufnahm für den Kauf eines Hauses. Es gab Zeiten, da hat er die Ängste verdrängt, aber dann wurden sie neu angefacht, wenn wieder welche entlassen wurden und zum letzten Mal durchs Tor gingen, mit Tränen in den Augen. Solche Kerle, Malocher so hart wie der Stahl, aus dem ihre Schiffe sind, Typen, die sich nicht scheren um die Kälte, die Nässe, die Gefahren – aber Tränen. Zuletzt hat Kane sie bei seinem Freund John gesehen, als der entlassen wurde. John arbeitet jetzt im Supermarkt Tesco und stapelt dort Dosen.

Dosenstapler – das kann nur wie Hohn wirken auf einen, der, wie Kane das formuliert, Stolz empfunden hat auf die Arbeit, auf die gemeinsam durchgestandenen Härten und natürlich auf das Endprodukt. Einmal trug es den Namen Coastal Corpus Christi, und das war noch mal ein Supertanker von über 170.000 Bruttoregistertonnen, ein Auftrag von Onassis – »allein die Größe«, sagt Kane, »allein der Anblick!« Die letzten zehn Jahre war er Vertrauensmann der Gewerkschaft, aber ein Spaß war das nicht bei dem ständigen Kampf um die Arbeitsplätze. Hoffnung kam nur noch einmal auf. Das war um die Jahrtausendwende, als die Werft recht gut zu liegen schien im Rennen um die Queen Mary II, einen Luxusdampfer, mit dem die Cunard-Linie anknüpfen wollte an alte, glorreiche Zeiten. Doch dann ging der Auftrag an eine französische Werft, und danach, das wusste Kane, war es nur mehr eine Frage der Zeit, bis man ihm »mit Bedauern« mitteilen würde, dass seine Tage bei Harland and Wolff gezählt waren.

Kane weiß nicht, wie es weitergehen wird, wenn der Tag kommt, an dem sie ihm sagen, es sei sein letzter. Er ist ja erst 46. Dosenstapler?

Kane hat eine Frau, eine Tochter, eine Hypothek – er weiß, dass er viel Stolz wird schlucken müssen. Aber das müssen sie alle, auch wenn sich der eine oder andere noch dagegen wehrt. Nein, sagt Henry Blackwood trotzig, Taxi fahren werde er nicht, das sei eine Frage des Stolzes, »very much so«. Er sitzt im Harland and Wolff Welders Football and Social Club vor einem Bier. Hier haben sie sich früher immer getroffen nach der Schicht, heute ist die Tränke fast leer. Blackwood zeigt auf ein Bild an der Wand, ein Luftfoto von der Werft in den Kriegsjahren. Ein gewaltiger Komplex, eigentlich ein Ding für die Ewigkeit. Ja, das habe er auch gedacht, sagt Henry Blackwood: »Ich dachte, Harland and Wolff würde immer da sein wie … wie Belfast.« Ein schöner Traum, aber es ist einer von der Art, wie er in der Stadt schon öfter geplatzt ist.

Belfast hatte in seinen großen Zeiten Fabriken, die in der Welt ihresgleichen suchten – für Seile, für Textilien, für Tabakwaren. Keine hat sich gehalten, und dass sich Harland and Wolff nicht halten würde, wusste man seit langem. Deshalb kommt der Verlust für die Stadt auch nicht wie ein Schock. Was die Leute fühlen, ist vermutlich mehr die Trauer, die sich einstellt, wenn ein sehr altes Familienmitglied stirbt, von dem man wusste, dass es unheilbar krank war. 140 Jahre und über 1700 Schiffe haben Werft und Stadt zusammenwachsen lassen, und die beiden riesigen Portalkräne, Samson und Goliath, sind zu markanten Punkten der Skyline geworden. Henry Blackwood kann sie sehen von seinem Haus. Auf ihn hat der Anblick immer beruhigend gewirkt, wie zwei Wächter, die schon sorgen würden für den Fortbestand der Werft. Samson und Goliath stehen immer noch, und das kann auch noch eine Zeit lang so bleiben, denn Harland and Wolff versucht sich gerade neu zu erfinden als eine Art Spezialfirma für technische Dienste.

Henry Blackwood wird den Blick auf die beiden Riesen also auch in Zukunft nicht missen müssen. Aber es wird nicht mehr dasselbe sein.

November 2002

Das Mutterland beliebt zu schmerzen

Die kleine Welt rund um den Affenfelsen gerät ins Wanken

Die Dreharbeiten sind in vollem Gange und es ist schon erstaunlich, was die Macher dieses historischen Kolonialfilms aus der Kostüm- und Requisitenkiste so alles hervorgekramt haben. Trommeln, Pfeifen, Dudelsäcke, Schottenröcke, Tropenhelme, und selbst das Volk in der Kulisse ist noch sehr liebevoll zurechtgemacht – mit ausladenden Sommerhüten die Damen, mit ordensgeschmückten Uniformjacken die Herren. Im Mittelpunkt des Ganzen steht der Gouverneur, aber den hat man doch ein bisschen arg überzeichnet, wie er da in seiner schneeweißen Paradeuniform über den Rasen stolziert, sich den mit einem weißen Federbusch geschmückten Helm vom Kopf reißt und ruft: »To Her Majesty the Queen, hip hip hip …« Dreimal hip, hip, hip, und dreimal antworten sie von den Tribünen mit einem begeisterten »Hurrah!« und schwenken dazu ihre Hüte.

Naja, wie sich halt so ein Filmemacher die Kolonialzeit vorstellt.

So wirkt es, so könnte es sein – und ist doch ganz anders. In Wahrheit nämlich wird hier eine Szene aus der Wirklichkeit des Jahres 2002 gefilmt – und zwar vom gibraltarischen Fernsehen für die Abendnachrichten. Die Zeit der Kolonien ist zwar längst vorbei, aber hier am Südrand Europas und in Sichtweite Afrikas gibt es noch eine. Die Kronkolonie Gibraltar ist winzig und wird von nur dreißigtausend Menschen bewohnt, doch ihre *britishness* pflegen sie mit der allergrößten Inbrunst – so wie auch an diesem Tag. Der Geburtstag ihres Staatsoberhaupts Queen Elizabeth II ist zu feiern, und so werfen sich die Dignitare der Kolonie in Schale, die Frauen setzen ihre irrsten Hüte auf, die Männer heften sich ihre Orden an die Brust, der Gouverneur zwängt sich in seine Paradeuniform, und dann kommen sie über den Queens Way oder die Winston Churchill-Avenue zum Victoria Stadium für eine Parade, wie man sie feierlicher im fernen Mutterland auch nicht hinkriegen würde.

Es ist ein bisschen wie eine Familienfeier, denn jeder kennt jeden im Liliput am Mittelmeer. Peter Caruana ist da, der Chefminister, und Charles Caruana, der katholische Bischof. Solomon Levy ist natürlich ebenfalls gekommen, der Vorsitzende der Veteranen von der Royal British Legion. Der liebt solche Spektakel. Eine festlich gestimmte Gemeinschaft in Ausübung eines altgewohnten und wohl auch lieb gewonnenen kolonialen Rituals – aber warum muss gerade an einem solchen Tag der Chefminister eigens erklären, dass er nach der Parade die Gartenparty des Gouverneurs zu Ehren der Queen nicht boykottieren wird? Und warum hat Solomon Levy in seinem Büro ein Schild stehen, wie man es auf Demonstrationen vor sich her trägt – ein Schild mit der Aufschrift »Ich bin Brite und ich will als Brite sterben«? Und wieso predigt der Bischof in diesen Tagen für den Frieden in Gibraltar, wo es doch schon seit ewigen Zeiten keinen Unfrieden mehr gegeben hat?

Die kleine Welt rund um den Affenfelsen ist nicht mehr in Ordnung, seit London und Madrid damit begonnen haben, über den von Spanien als kolonialen Anachronismus empfundenen Zankapfel Gibraltar zu verhandeln – und nun im Begriff zu sein scheinen, durch Teilung der Oberhoheit über die Halbinsel einen historischen Kompromiss anzusteuern. Was die Regierung in London dabei antreibt, ist klar. Tony Blair und sein spanischer Kollege José María Aznar pflegen ein gutes Verhältnis zueinander, und der Brite möchte das gerne noch verstärken als Gegengewicht zur deutsch-französischen Achse in der EU – was er aber nicht kann, solange der Streitfall Gibraltar die bilateralen Beziehungen belastet. Ein kleiner Pickel nur am spanischen Hintern, aber einer, der ihn ärgert, den Spanier – und das nun schon seit fast dreihundert Jahren. Was 1704 verloren ging, hat Spanien weder mit militärischer Gewalt noch mit Schikanen zurückzugewinnen vermocht – erst jetzt scheint man, durch reden, einen Fuß in die Tür zu bekommen.

Deshalb die Aufregung auf der nur 6,5 Quadratkilometer großen Landzunge, und deshalb auch das Schild bei Solomon Levy im Büro. Der ist ein 65 Jahre alter Immobilienmakler und sieht eigentlich nicht aus wie einer, der noch zu Demos geht. Aber am 18. März war ja fast die gesamte Bevölkerung auf den Beinen, um ihre Stimme zu erheben gegen das, was sie als drohende Verwässerung ihres Status als *subjects* ihrer Majestät der

Queen empfindet – und da war der alte Levy auch dabei. Ein paar Wochen später kam dann der britische Außenminister Jack Straw nach Gibraltar. Der hatte sich für die unangenehme Mission extra Socken in den Farben des Union Jacks angezogen, aber die Einheimischen konnte das nicht besänftigen. Wo er ging und stand, schrien sie »Judas« und »Verräter« – Solomon Levy buhte und rief »Gibraltar muss britisch bleiben«.

Nicht, dass der Mann viel angelsächsisches oder keltisches Blut in seinen Adern hätte, sein Vater war marokkanischer Jude, seine Mutter von französisch-englischer Abstammung – aber dreihundert Jahre sind eine lange Zeit, und von den vielen Fotos, die das Arbeitszimmer Levys schmücken, ist keines prominenter platziert als das von der Queen, wie sie ihm einen Orden überreicht. Früher, als er noch Geschützführer war beim Royal Gibraltar Regiment, da hatte er die großen Kanonen oben auf dem Felsen unter sich – auch die, mit denen Salut geschossen wurde. 21 Schuss am Geburtstag der Queen, Levy ist noch heute stolz darauf. Zum Jahresende, wenn sie im Mutterland die *poppies*, die künstlichen Mohnblumen, anstecken zur Erinnerung an die Kriegstoten, dann sorgt Levy dafür, dass auch auf Gibraltar das Gedenken nicht zu kurz kommt. Manchmal, wenn die Legion marschiert, setzt er seine Melone auf. »Wir sind«, sagt er, »britischer als die Briten, wir halten uns mehr an die Traditionen, als sie es tun.«

Die Unionisten in Ulster reden genauso, und was die über die irisch-katholischen Erzfeinde zu sagen haben, klingt nicht anders als das, was

Levy über die Spanier sagt: »Gib ihnen einen Inch, und sie nehmen sich eine ganze Meile.« Nicht, dass Levy antispanisch wäre, bewahre, er mag ihre Musik, er liebt den Stierkampf, aber er traut ihnen nicht. Trauen, misstrauen, das sind die Schlüsselworte, die man immer wieder hört in den Gässchen von Gibraltar, wo die Menschen so politisiert sind wie kaum irgendwo sonst. Zwei Tageszeitungen, zwei Wochenblätter, eine Radio- und eine Fernsehstation – und alle leben sie von dem Dauerkonflikt mit Spanien, der nicht aufhört, die Gemüter zu bewegen und so etwas wie Normalität nicht zulässt. Dominique Searle, der Chefredakteur des *Gibraltar Chronicle,* sagt, er könne seine Leitartikel längst auswendig: »Im Grunde wiederhole ich mich nur.«

Der *Chronicle* ist erstmals 1801 erschienen, und seinen größten Scoop hatte er bereits vier Jahre später, als er *world exclusive,* wie es heute heißen würde, den Sieg von Admiral Nelson über die französisch-spanische Flotte in der Schlacht von Trafalgar meldete. Heute, unter Searle, wirbt er geduldig für den Dialog mit Spanien und gibt auch Ministern von jenseits der Grenze Gelegenheit, ihre Position darzustellen. Nicht allen Lesern gefällt das, und auch Searle, dem Langmütigen, sind Situationen nicht fremd, wo er die Spanier zum Teufel wünscht – etwa, wenn er wieder mal in Madrid zu tun hat. London wäre einfach, da könnte er direkt hinfliegen. Madrid aber ist ein Albtraum. Weil es nämlich auf Betreiben Madrids keine Flüge gibt zwischen den beiden Nachbarn, muss Searle erst mit dem Auto zum Flughafen nach Málaga, was allein schon zweieinhalb Stunden kostet – und auch das nur, wenn die spanischen Grenzbeamten nicht wieder mal Dienst nach Vorschrift machen.

Ist er endlich angekommen in Madrid, muss er sich ein anderes Handy besorgen, weil die Spanier es so eingerichtet haben, dass ein gibraltarisches in ihrem Land nicht funktioniert. So macht der iberische Riese dem unerwünschten Zwerg das Leben schwer und füttert dessen Misstrauen immer wieder neu – ob er nun seine Flugwege blockiert, seinen Beitritt zur europäischen Fußballorganisation UEFA hintertreibt oder auch nur seine Teilnahme an internationalen Hundeschauen. »Das geht fast in alle Bereiche hinein«, sagt Searle, und dabei ist das noch milde, verglichen mit den Zeiten unter Franco, als die Grenze fünfzehn Jahre lang geschlossen war und die Spanier, wie Solomon Levy sich erinnert, noch nicht mal den Messwein durchließen. Wer dringende Geschäfte hatte in Spanien, musste über Marokko reisen. Es war dies freilich auch die Zeit, da ein ziemlich wildes Gemisch aus Portugiesen, Marokkanern, Italienern, Briten, Maltesern, Spaniern und levantinischen Juden zusammenwuchs und so etwas wie eine eigene Identität entwickelte.

Die Unterstützung durch das Mutterland in diesen schwierigen Zeiten ließ starke Bindungen und eben jene Loyalität wachsen, für die sie sich nun schlecht belohnt fühlen. In Gibraltar kommen sie sich verraten und verkauft vor, und dabei wollen sie doch nur so bleiben, wie sie sind – mit Marks & Spencer und *fish 'n' chips,* mit Pound Sterling und der *BBC,* mit Pubs, die Royal Oak heißen und zum Frühstück Würstchen, Bohnen und Schinken servieren, mit dem *turkey* zu Weihnachten, mit den Bobbys, die aussehen wie vom Piccadilly Circus entliehen, mit der King's Chapel und dem Queen's Theatre und mit den alten roten Telefonzellen. Aber wer sollte ihnen das alles nehmen? London hat mehr als einmal versichert, dass auch bei einem Deal mit Spanien die Gibraltarenser ihre Lebensart behalten werden, ihre britischen Pässe, ihre britische Justiz und ihre britischen Schulen. Allein den Menschen hier fehlt der Glaube.

Und das, obwohl sie sogar im Besitz eines Vetorechts in Form einer Verfassungsbestimmung sind, die ausdrücklich festlegt, dass das Mutterland an die Souveränitätsfrage nur mit ihrer Einwilligung rühren darf. Was immer also mit Spanien verabredet wird, das letzte Wort haben die Einwohner von Gibraltar in einer Volksabstimmung – und dass die kaum anders ausgehen wird als die letzte 1967, steht außer Frage. Damals stimmten 12.138 Gibraltarenser für den Verbleib bei Großbritannien und nur 44 dagegen. Doch selbst diese Gewissheit, sich der Teilung der Souveränität mit einem eindeutigen Votum widersetzen zu können, scheint die Stimmung nicht zu besänftigen. Bischof Caruana, der oberste Hirte der mehrheitlich katholischen Bevölkerung, sagt, er rede grundsätzlich nicht über Politik – um sodann eine Stunde lang nichts anderes zu tun. Wir sitzen auf der Terrasse des Rock Hotels über den Gassen der Stadt und schon ein Stück weit den Felsen hinauf. Noch etwas höher, und es beginnt das Territorium der Affen.

Der Bischof liebt Spanien und seine Kultur, aber den Politikern könne man nicht trauen – »gib ihnen einen Inch, und sie nehmen sich eine ganze Meile«, sagt auch er. Wirkliche Demokratie habe sich in Madrid immer noch nicht durchgesetzt, »mental sind sie unverändert in der Franco-Ära«. Was da verhandelt werde, laufe auf »Verrat« hinaus, und er, der Bischof, habe große Sorge, dass die Bevölkerung »mit Gewalt« reagieren könnte: »Vergessen Sie nicht, wir haben ein südländisches Temperament, die Menschen hier können böse werden.« Das ist wahr.

In den sechziger Jahren hatte mal einer, und zwar der Rechtsanwalt Joseph Triay, den Versuch unternommen, den Teufelskreis von Konflikt und Konfrontation zu durchbrechen, war nach Spanien gereist zu inoffiziellen Gesprächen mit dem Franco-Regime – und hatte so eine Eruption von Gewalt gegen sein Eigentum und das seiner Mitstreiter ausgelöst. Von diesem »schwarzen Samstag« reden sie noch heute, und der Bischof sagt, der dürfe sich nicht wiederholen.

Ein makelloser blauer Himmel wölbt sich über dem Felsen, über dem Meer hängt leichter Dunst, irgendwo da drin, schemenhaft, die Küste von Marokko. Triay war lange Zeit ein geächteter Mann. Heute ist er siebzig Jahre alt und lebt auf der anderen Seite der Grenze. Jeden Morgen kommt er mit dem Moped von Sotogrande in seine Kanzlei in Gibraltar. Politisch engagiert er sich nicht mehr, das überlässt er jetzt seinem Schwiegersohn, dem Chefminister. Der ist ein bisschen anders gestrickt und führt die Fronde an gegen die britisch-spanischen Verhandlungen. Aber bei der Gartenparty des Gouverneurs ist er gewesen, natürlich ist er das, denn der Gouverneur vertritt ja die Krone und nicht etwa das Außenministerium – und wäre insofern als Adressat für Proteste der Falsche gewesen. Die Krone schätzen und lieben sie in Gibraltar, zu ihrem goldenen Jubiläum hat Chefminister Caruana der Queen geschrieben, er hoffe, sie werde noch »für viele Jahre« Gibraltars Souverän sein.

Aber das Königshaus in London hat nichts zu sagen und kann nicht helfen, und so muss denn der Chefminister in diesen Tagen selber Frontdienst leisten. Er tut das mit einer aufwändigen Anzeigenkampagne im Mutterland (»Gibraltar braucht Ihre Unterstützung«) oder, wie soeben geschehen, mit einer Budgetrede in Gibraltars Miniparlament, in der er die Regierung in London dafür geißelt, dass sie mit den Verhandlungen große Unsicherheit schaffe und so der Wirtschaft der Kolonie Schaden zufüge. Ist das so? In den Straßen der Steueroase drängen sich die Touristen vor den Geschäften, in denen man günstig einkaufen kann. Gibraltar mag sich unter Druck fühlen, aber Gibraltar lebt – und die Affen auf dem Felsen sind auch noch da. Erst wenn sie verschwunden sind, sagt die Legende, werde Gibraltar aufhören, britisch zu sein. So gesehen wird sich so bald nichts ändern: Die Regierung hat ein wachsames Auge auf die zweihundert Tiere, lässt sie überwachen und regelmäßig füttern.

Juni 2002

Wo Singen zum guten Ton gehört

Ein walisischer Männerchor mit großen Ambitionen

Eine Tür ist eine Tür, und diese hier am Eingang der großen Halle des Maesteg Park Athletic Social Club ist auch nicht anders als andere. Sie ist aus Glas und hat einen dunkelbraunen Holzrahmen. *Pull* steht oberhalb der beiden metallenen Griffe – ziehen soll man, um reinzukommen in die Halle. Aber wie soll einer ziehen, wenn er sich doch fürchtet vor dem, was ihn da drinnen erwartet? Es ist ja immer nur das erste Mal, aber gerade das ist so verdammt schwer. Aubrey zum Beispiel kostete es damals jede Menge Überwindung, durch diese Tür zu gehen. Alan hatte sich zur Verstärkung einen anderen mitgebracht, und der andere hatte Alan mitgebracht.

An diesem Mittwochabend nun stößt Andrew dazu. Er kommt mit Keith, und wenn wir es auch nicht gesehen haben, so ist doch anzunehmen, dass der ihn mit sanfter Gewalt durch die Tür geschoben hat. Viel leichter wird es dadurch kaum geworden sein. »Aber ich kann doch überhaupt nicht singen.« So hatte Andrew monatelang alle Lockrufe abgewehrt, doch den Satz, den haben sie schon so oft gehört, den nehmen sie gar nicht mehr zur Kenntnis. Sie haben Nachwuchsprobleme bei Cor Yr Hen Blwyf, deshalb wollten sie Andrew, und jetzt endlich haben sie ihn.

Sie geben ihm einen Platz bei den ersten Bässen und sie achten darauf, dass er sich nicht in die hintere Reihe verkriecht. Vorne soll er sitzen, zwischen zwei starken Sängern. Andrew ist ein Bär von einem Kerl, Arbeiter in einer Möbelfabrik, aber jetzt ist ihm ganz elend, weil er nämlich denkt, dass er gleich vorsingen muss, er, der höchstens mal in der Kneipe gesungen hat – so wie man halt in der Kneipe singt, nach ein paar *pints*. Aber Roy, der Dirigent, ist ein kluger Mann. Er weiß genau, wie es dem Neuen zumute ist, und deshalb lässt er ihn erst mal in Ruhe. »Also Jungs, los jetzt«, ruft er, »›Love Story‹, drei, vier.« Michael, der Pianist, schlägt den Ton an, Roy gibt den Einsatz. 28 Männer singen von der Seele, vom Herzen, von Engelszungen, aber sie kommen nicht weit. »Ruhiger«, ruft Roy, »viel ruhiger das Crescendo aufbauen.« Sie fangen noch mal an, aber nun hat Roy am Tempo was auszusetzen. »Nicht so hastig, nicht hetzen, viel gleichmäßiger!« Nur mühsam geht es voran. Ein paar Takte »Love Story«, und schon fährt Roy dazwischen. Andrews Gesicht sagt: Wo um Himmels willen bin ich hier bloß hingeraten?

Wales ist das Land der Lieder – und der Männerchöre. Manche sind berühmt geworden, andere wollen es noch werden. Cor Yr Hen Blwyf ist walisisch und heißt »Der Chor des alten Kirchspiels«, und gemeint ist das alte Kirchspiel des Ortes Maesteg. Der liegt in einem engen Tal, wo man nur zwei Richtungen kennt – »unten« im Tal oder »oben« im Tal. So reden die Leute hier, und wenn etwas ein Stück entfernt ist, dann sagen sie »zwei Täler weit weg« oder »hinter dem Hügel«.

Es ist eine kleine Welt, verflucht vom Wetter und vom Niedergang des Kohlebergbaus. Früher musste sich um seinen Job keiner sorgen. Da taten sie, was vor ihnen Vater und Großvater auch getan hatten – sie malochten unter Tage, und die Frage war nur, ob sie in St. Johns einfuhren, in Coegnant oder in Caerau. Diese drei Zechen gab es im Tal und viele, viele Kirchen. Die konkurrierten mit den Kneipen um die Seelen der Kumpels, und sie taten das mit Bibelstunden und Gottesdiensten ohne Ende – Roy erinnert sich, dass sie früher am Sonntag dreimal in die Kirche gingen.

Der Bergmannssohn mochte das wegen der Lieder, die sie da sangen. Es gab ja noch kein Fernsehen, allenfalls mal eine Filmvorführung, aber es gab diese Hymnen und Choräle, und zu Hause gab es ein »Radiogrammofon«, wie sie das nannten, und einer der ersten Songs, die sie darauf spielten, hieß »Martyrs of the arena«, gesungen vom Morriston Orpheus Choir. Das war ein walisischer Chor, der hatte damals schon einen Namen. Roy lauschte voller Ehrfurcht, er fand es phantastisch. Als er älter wurde und Bergmann, war die Anziehungskraft des Biers dann doch noch ein bisschen größer als die der Bibel, aber gesungen wurde auch in den Pubs, und als eines Tages in einem der Arbeitervereine ein Männerchor entstand, der erste in Maesteg, da war Roy mit dabei. Er sang, und weil er als Sohn musikalischer Eltern und als begabter Autodidakt Noten lesen konnte, dauerte es nicht lange, bis er dirigierte. Cor Yr Hen Blwyf war da noch kein Gedanke, aber als er dann im Mai 1994 gegründet wurde, da hatte er in Roy Davies einen Dirigenten, der auf dreißig Jahre Erfahrung mit verschiedenen Chören zurückblicken konnte.

Klar, dass so einer ein Händchen hat für eine zusammengewürfelte Schar von Laiensängern und zum Beispiel weiß, dass man es nicht übertreiben darf mit der Tortur, die das Lernen eines neuen Liedes oft bedeutet – schon gar nicht, wenn ein Neuer dabei ist. Nach vierzig Minuten macht er Schluss mit der »Love Story« und die Truppe darf sich austoben mit ein paar Songs, die seit langem zum Repertoire gehören. »I was made in Wales«, braust es vierstimmig durch den Saal, ein sentimentales Heimatlied, ein Seelentröster. Dann »Yesterday«, dann ein Sammy Davis jr., aber da muss Roy schon wieder die Stirn runzeln: »Warum werdet ihr so langsam am Schluss?« Dabei weiß er die Antwort. Sie sind ja gerade erst aus Spanien zurückgekommen und alle noch ein bisschen müde. Nicht, dass sie dort die Costa del Sol entflammt hätten mit ihren Liedern, und es handelte sich ehrlich gesagt auch mehr um walisische Emigranten, die zu den beiden Konzerten kamen, aber ein Erlebnis war es – und weil sich das mit der Chorkasse allein nicht finanzieren ließ, hat jeder fünfzig Pfund aus der eigenen Tasche dazugelegt.

Als sie 1994 anfingen, waren sie gerade mal sieben Mann, zur zweiten Probe kamen zehn, beim ersten Wettbewerb traten sie mit fünfzehn an und wurden Zweite. Die Gründer waren alle Sänger von der lokalen Konkurrenz, den Gleemen, nachdem sie sich mit deren Dirigenten überworfen hatten. Stewart war einer von ihnen. Stewart Davies. Auch der ein ehemaliger Bergmann, der in Caerau eingefahren ist »oben im Tal«. Später war er Heizer auf einer Lok. Heute verkauft er Nippes. Stewart ist zweiter Tenor, ist Vorsitzender und eine der Stützen des Chors. Aber für die Crème vom Ganzen halten sich die ersten Tenöre, Keith, Bob und die anderen. Gibt's mal Probleme bei den zweiten Tenören, dann kann man sicher sein, dass Keith mit ganz breitem Grinsen ruft: »Gib uns den Part, Roy, wir machen das schon.« Aber die Gelegenheit zur Revanche kommt meist sehr schnell. »She« singen sie, ein Lied von Charles Aznavour, nicht ganz einfach. »She ohooo she«, tirilieren die ersten Tenöre, aber: »Löschtaste drücken!«, ruft Roy, und da feixen sie bei den zweiten: »Mehr Gefühl, mehr Gefühl!« Und lachen.

Es wird viel gelacht, aber es gibt auch Abende, da kommt zum Beispiel Morgan Williams, zweiter Tenor, von der Probe nach Hause und denkt: Das war das letzte Mal, da gehe ich nie wieder hin. Morgan ist der letzte aktive Bergmann im Chor. Die Zeche Tower Colliery, »zwei Täler weit weg«, wäre so wie die anderen auch längst geschlossen, wenn die Belegschaft sie nicht übernommen hätte. Morgan arbeitet da unter Tage. Er singt seit 28 Jahren, er singt gerne, aber dann kommen diese Abende, wo er sauer ist. Meist ist das der Fall, wenn sie gerade ein *test piece* lernen. Ein *test piece* ist das Hindernis, das ein walisischer Chor überwinden muss, ehe er in den Olymp der Gesangsgötter aufsteigen darf. Man muss dazu das nationale Eisteddfod gewinnen, was nichts anderes ist als die walisische Meisterschaft, aus der Sicht der Chöre aber mindestens so viel bedeutet wie der Weltpokal. Jedes Jahr im August wird um diese Ehre gesungen. Drei walisische Lieder sind vorzutragen – zwei selbst gewählte als Kür und eben das *test piece* als Pflicht für alle Teilnehmer. Das ist in der Regel ein sehr schwieriges Stück, das monatelang gepaukt werden will und die Geduld der Sänger auf eine harte Probe stellt. Nie wieder, sagt dann Morgan Williams – und kommt doch wieder.

Manchmal aber bleibt tatsächlich einer weg. Ein Ärger, ein Streit, und dann kam, von einer Probe auf die andere, der Tag, an dem der Platz bei den ersten Bässen, der Colin Groves gehörte, leer blieb. Ein Gründungsmitglied, ein starker Sänger, ein Verlust. Verloren aber hatte nicht nur der Chor. Colin waren sie schwer, die Abende am Mittwoch und am Sonntag, wenn er daheim saß und nicht bei seinen Sangesbrüdern in der Halle. Seine Arbeit in der Zeche hatte er schon verloren, nun auch noch das Singen. »Du liebst es doch so«, sagte seine Frau, »warum gehst du nicht zurück?« Neun Monate hielt er es aus. Dann starb ein Chormitglied, ein Freund von Colin, ein Freund von Roy, so kam man wieder miteinander ins Gespräch, und als der Chor dann bei der Beerdigung am Grab stand und auf Wunsch der Witwe »Myfanwy« sang, ein walisisches Liebeslied, da war dann auch Colin wieder dabei. Er kehrte zurück zu den ersten Bässen und keiner machte ein großes Aufheben davon. Wie es war beim ersten Mal nach der langen Pause? »Es war in Ordnung«, sagt Colin.

Aber es ist ja nicht nur das Singen. Es ist zum Beispiel auch der Freitag zwischen den beiden Proben. Da gehen sie aus. Erst gehen sie in den Club der Royal British Legion. Da hat zwar die Konkurrenz von den Gleemen ihren Übungsraum und ihren Trophäenschrank, andererseits ist da das Bier billig und das gibt den Ausschlag. Ist die Grundlage gelegt, ziehen sie um ins Masons Arms Inn, und wenn irgendwann später am Abend die vielen *pints* Bitter und Lager ihre Wirkung entfaltet haben, legen sie los und singen, aus Lust und aus Spaß, was ihnen gerade so in den Sinn kommt. Muss i denn, muss i denn, wait till the sun shines, Nelly, Glöcklein so rein und fein, falling in loooove wiiiiith youuu – und das ist dann die Stelle, wo der Gesang ein bisschen dünn wird, weil sie nämlich damit beschäftigt sind, ihre Münder zu spitzen und sich glucksend gegenseitig Kusshändchen zuzuwerfen. Auch nach Auftritten entspannen sie sich so, und manche finden das schöner als das Konzert. *Afterglow* nennen sie das, Nachglühen – und glüht er vielleicht nicht, der Sänger und Gerüstbauer Keith?

Der kann was wegkippen an Bier und immer noch den richtigen Ton treffen. Beide Arme hat er schwer tätowiert, mit Herzen und Boxern und anderem Zeugs. Früher hat Keith Pfeile geworfen. Niemand im Tal habe ihn beim Darts schlagen können, sagt er.

Peter dagegen glüht mehr nach innen. Der ist kein großer Trinker und weiß schon jetzt, dass er die paar *pints* am nächsten Morgen bedauern wird. Er ist erster Bass und seit Weihnachten dabei. »Ich kann doch überhaupt nicht singen«, hat er gefleht, aber das hat sie nicht interessiert, denn in Wales kann selbstverständlich jeder singen. Manche wissen es nur noch nicht.

Ihr nächstes Mitglied haben sie sich schon ausgesucht. Es steht gerade am Tresen. Ein ehemaliger Polizist, der inzwischen Taxi fährt. An dem sind sie schon lange dran, und eines Tages, sagt Robert Doyle, erster Tenor und Sekretär des Chors, »eines Tages wird er kommen«. Bei Aubry war es der Tag, als er die Lücke in seinem Leben spürte, nachdem er Rugby aufgegeben hatte. Bei Peter war es die Frau, die ihren stillen Mann in der Freizeit immer nur still gärtnern sah. »Versuch's doch!« Heute sagt er, es sei »ein gutes Gefühl, Teil von etwas zu sein«. Jede Woche neu freut er sich auf die Proben, und wenn er mal spät dran ist, dann ruft seine Frau: »Los jetzt, Pavarotti, singen!«

Nach dem Freitag kommt der Kater am Samstag, und dann am Sonntag ist schon wieder Probe. Einer nach dem anderen kommen sie durch die Tür, auch Andrew, der Neue – fast schon selbstverständlich, gerade so als wäre da nie ein Zögern gewesen. Dass sie hier singen dürfen in der Halle eines Fußballvereins, vergelten sie mit zwei Konzerten pro Jahr. Es sind solche kleinen Deals, mit denen sie finanziell über die Runden zu kommen versuchen. So wie der mit dem Wirt vom Corner House, einem Pub etwas außerhalb auf einem Hügel. Sechs Gratiskonzerte haben sie dem versprochen, und im Gegenzug wird er ihnen neue Hemden spendieren für die Sommersaison. Neue Blazer bräuchten sie eigentlich auch. Nicht nur, dass die alten schon ein bisschen verschlissen sind, auch das Burgunderrot gefällt Robert, dem Sekretär, schon lange nicht mehr – »sieht doch aus wie bei Busschaffnern«. Aber Smokings sind nicht billig, und von dem einen Pfund, das jeder wöchentlich in die Kasse zahlt, lassen sich die nicht finanzieren. »Also Jungs«, ruft Roy, »›Love Story‹, versuchen wir's noch mal.«

Über dreißig Mitglieder sind heute gekommen. Das ist nicht schlecht, und es ist ja auch nicht so, dass die Fehlenden keine Entschuldigung hätten – so wie Ogwen, der an die achtzig ist und der Älteste im Chor. Er ist selber nicht gesund und muss auch noch seine Frau pflegen, die kürzlich einen Schlaganfall erlitten hat. Es sind einige, die schon älter sind und nicht mehr ganz rüstig.

Stewart und Roy macht das Sorgen. Zwar sagt Roy: »Irgendwie ist der Wunsch zu singen tief drin im Bewusstsein der Leute hier.« Doch seine beiden Söhne, obwohl musikalisch, denken gar nicht daran, bei ihrem Vater mitzusingen. Für Stewarts Sohn gilt dasselbe. Lediglich Alan hat es geschafft, seinen Sohn James für den Chor zu interessieren. Kein Wunder, dass sie hinter jedem her sind, der eine Stimme hat. Es ist die Angst, die sie antreibt. Die Angst, dass es ihnen so gehen könnte wie etwa dem Burma Star Choir, der gerade noch achtzehn Mitglieder hat, fast alle über siebzig.

Beklommen raunen sie von Chören, die schon aufgegeben oder sich mangels Mitgliedern mit anderen zusammengeschlossen haben. Früher kam der Nachwuchs aus den Kirchen, aber die Kirchen sind leer und manche verfallen. Stewart sagt: »Wir können nur versuchen, mit modernen Songs junge Leute anzulocken.« Aber dann verschrecken sie die Alten, die zu ihren Konzerten kommen. Ein Dilemma, um das sie sich jetzt aber nicht kümmern können, denn Roy muss gerade die ersten Tenöre darauf hinweisen, dass sie ihren Einsatz verpatzt haben. Ist da ein Grinsen bei den zweiten? »Ich weiß, es ist schwierig«, sagt Roy, »also noch mal von vorne.« »Love Story« zum Xten, und diesmal singen sie das Lied von vorne bis hinten durch. »War nicht toll«, sagt Roy, »war aber auch nicht schlecht.« Der Mann ist ein Quälgeist, aber so sind sie, die Perfektionisten, und dieser hier hat noch Großes vor mit seinem Chor. Aussterben? Ach was, im Herbst wollen sie eine CD aufnehmen, und irgendwann wollen sie das nationale Eisteddfod gewinnen. Dazu muss Roy sie nicht antreiben. Das wollen sie alle. Das ist das Größte.

Viermal haben sie es schon probiert, viermal haben die Juroren anerkennend genickt. Aber gewonnen haben andere. Nicht, dass sie nicht schon Erfolge gehabt hätten – 1996 waren sie Wales' »Chor des Jahres«, und dass sie beim Millennium Concert in der Londoner Royal Albert Hall vor zehntausend Leuten mit dabei sein durften, war auch eine Ehre. Aber Ehre ist nicht genug. Die ganz große soll es sein, auch wenn dann vielleicht wieder mal einer über das *test piece* flucht und sagt, er käme zu keiner Probe mehr. Bis es so weit ist, werden sie weiter etwa dreißigmal im Jahr auftreten, meistens bei irgendwelchen Wohltätigkeitsveranstaltungen, in Krankenhäusern und Altenheimen, aber Konzert ist Konzert, und wenn es gut war, sagt Alan, »dann gehst du nach Hause, stolz und glücklich«. Die kleinen Freuden eines Sängerlebens, und wenn es irgendwann zu Ende ist, dann singen ihm die anderen am Grab einen Gruß hinterher. Der Waliser Neil Kinnock, der frühere Chef der Labour Party und selber Chorsänger, sagte mal, wenn bei seiner Beerdigung gesungen wird und er selber nicht einstimmt, dann sei es der Beweis, dass er tot ist. »Comrades in arms!« Das ist Roys Belohnung zum Abschluss der Probe. Ein zackiges Lied von Ehre und Glorie, vom Feind und vom Kampf. »Allegro marziale« steht auf dem Notenblatt.

Nicht, dass sie es bräuchten. Noten kann eh kaum einer lesen, und Anweisungen bei einem so alten Bestandteil ihres Repertoires brauchen sie nicht.

Kämpferisch, na klar.

Mai 2002

Beruf? Nacktmodell und Hausfrau

Die »Calendar Girls«

Achtzehn Brustwarzen und neun Schamhaar-Dreiecke macht insgesamt siebenundzwanzig Tabuzonen, und wenn Terry Logan heute daran denkt, schüttelt es ihn immer noch. Es war das letzte, das Dezemberfoto, und es sollte so wenig schlüpfrig sein wie die anderen auch.

Nur: Anders als auf der Februar- oder Oktoberseite, wo jeweils nur eine Frau zu sehen war und sich alles Haarige und Hängende problemlos kaschieren ließ, hatte Terry es im Dezember mit neun Frauen zu tun. Es mag Männer geben, die davon träumen: neun Nackte, nur mit Nikolausmützen auf dem Kopf und Gesangsblättern in den Händen. Für Terry Logan indes war es ein Albtraum.

Die Damen waren ja keine berufsmäßigen Models, sondern Amateurinnen, die sich zum erstenmal in ihrem Leben vor einer Kamera ausgezogen hatten. Irgendwo lugte immer ein Nippel hervor, irgendeine guckte immer in die falsche Richtung. Erst nach Stunden und Hunderten von Fotos war schließlich eines davon brauchbar.

Ist alles schon ein bisschen her, aber für die Beteiligten, jedenfalls für einen Teil von ihnen, hat der Sturm einfach nicht mehr aufgehört, der ihr Leben durcheinander zu wirbeln begann, als sie vor fünf Jahren aus einem traurigen Anlass etwas

Unerhörtes taten. Unerhört jedenfalls für dieses ländliche Idyll im nördlichen Yorkshire, wo die Dörfer Cracoe, Threshfield und Rylstone heißen, die Weiden von bemoosten, grauen Steinmauern durchschnitten werden und die krummen Häuser letzte Zeugen sind von längst versunkenen Epochen.

Eine kleine Welt, in der die Frauen im Kirchenchor singen und einmal im Monat im WI, dem Women's Institute, zu ergründen versuchen, was das Geheimnis ist von guter Erdbeermarmelade und vom *Victorian Sponge*, dem traditionellen Biskuitkuchen. Für Pin-up-Girls ist die Gegend nicht bekannt, zumindest war sie es nicht. Doch das ist jetzt anders. Zwar sind die Girls keine Girls, sondern mittelalte Ladys, aber nackt ist nackt, und nun ist sogar ein Kinofilm daraus geworden.

Solche Wellen, und dabei war es doch eigentlich nur darum gegangen, John ein bisschen aufzumuntern. John, den Mann von Angela, als der im Krankenhaus lag mit Leukämie. Tricia hatte die Idee gehabt, natürlich Tricia, die hatte ja immer solche Ideen, und was haben sie gelacht, als sie sich ausmalten, wie sie all das, was zum traditionellen Frauenbild gehört, also Strickzeug, Teekanne, Marmeladengläser und dergleichen, gleichsam als Feigenblatt benutzen würden.

John lachte mit, aber er sagte auch: »Ihr redet nur, ihr werdet es nie machen.« Hätte er seine Krankheit überlebt, wäre ihre Welt in Ordnung geblieben, dann hätte er womöglich Recht behalten. So aber hatten sie, die Freundinnen, nach seinem Tod im Alter von nur 54 Jahren das dringende Gefühl, etwas tun zu müssen. Etwas Positives, das helfen könnte im Kampf gegen eine grausame Krankheit, etwas auch, das Angela ablenken würde von dem Verlust, den sie erlitten hatte.

Es ist ein grauer, nebliger Tag in Yorkshire, und am liebsten möchte man den am Kamin im Hotel verbringen. Stattdessen müssen wir jedoch zu den Frauen, die später, als sie dann schon berühmt waren, in Amerika vom Gastgeber einer Talkshow mit dem Satz begrüßt wurden: »Seid Ihr Frauen euer ganzes Leben Stripperinnen gewesen?« Wir fahren erst zu Miss July (Lynda Logan, 60), dann holt uns Miss January (Beryl Bamforth, 70) ab und fährt uns zu Miss October (Tricia Stewart, 54), wo auch Miss November (Ros Fawcett, 54) dazustößt.

Am Nachmittag schließlich sind wir bei Miss February (Angela Baker, 58) und danach noch bei Lyndas Mann Terry, dem Fotografen. Ein schmuckes Haus nach dem anderen, von einer blitzblanken Küche in die nächste – und so wie bei Stripperinnen sieht es eigentlich nicht aus. Eher schon wie bei braven, bodenständigen Hausfrauen.

Nur dass es bei der bodenständigen Hausfrau Lynda Logan plötzlich an der Tür klingelt und der Briefträger ein Paket überreicht mit den Worten: »Ich sehe schon, das sind neue Schuhe. Wann geht's denn wieder nach Amerika?« Und als bei Tricia Stewart zu Hause Beryl Bamforth sich verabschiedet, da sagt sie doch tatsächlich zu den anderen beiden: »See you in L. A.« Sie sagt nicht »See you in Rylstone«, nein, sie sagt »See you in L. A.« L für Los und A für Angeles.

Es ist bereits das vierte Mal, dass man sie als

Calendar Girls in die USA eingeladen hat, und noch stets wurden sie dort behandelt wie VIPs. Einmal stand sogar eine Stretchlimousine am Flughafen. Ein tolles Gefühl war das und fast schon vergessen das Bibbern an jenem Sonntagabend im Oktober '98, als alles seinen Anfang nahm im Haus der Logans.

Sich ausziehen war schwer genug, aber sich ausziehen vor einem Mann, der nicht der eigene war? Nicht, dass Terry ein Fremder gewesen wäre – trotzdem. Oder gerade deswegen. Die Arrangements sollte er machen dürfen, das Licht und die Kamera in Stellung bringen, auch das Objekt, das mit einem Morgenmantel bekleidete Objekt, aber wenn es dann die letzte Hülle fallen lassen würde, sollte er draußen stehen vor der Tür. Auf den Auslöser drücken sollte stattdessen Lynda, seine Frau. So hatten sie es sich, schamhaft, wie sie waren, ausgedacht, aber so funktionierte es natürlich nicht.

Irgendwann, sagt Angela, »wurde es so lächerlich, dass wir sagten: ›Komm' halt rein, Terry.‹« Zeit, ihnen groß was wegzugucken, hatte Terry keine, denn er war bestrebt, die Sache zügig durchzuziehen, aus Sorge, es könnte eine den Mut verlieren und ausbüxen.

Die Befürchtung war nicht unberechtigt. Ros zum Beispiel war so eine Wackelkandidatin. Die hatten sie nur mit Mühe überzeugen können, überhaupt mitzumachen, und als es dann soweit war, da musste sie sich erst mal mit einem Glas Wein Mut antrinken. Ein heikler Fall war auch Christine. Die sollte beim Darts-Spielen fotografiert werden, aber was lässt sich hinter so einem Pfeilchen schon verbergen?

Nicht so viel wie hinter einem bauchigen Teekessel, und so wurde requisitenmäßig kurzerhand umdisponiert und die Pfeilewerferin zur Tee-Einschenkerin gemacht. Für Terry Logan, der früher als Werbefotograf schon mal knackige Models am Strand von Hawaii fotografiert hat, war es eine Herausforderung. Acht Stunden und zwei Sitzungen dauerte sie, dann hatte er seine zwölf Fotos, für jeden Monat einen. Das Ergebnis war der »Alternative WI Calendar«.

Kalender waren von der landesweiten Frauenorganisation schon öfter herausgegeben worden, brave Erzeugnisse mit Bildern von Brücken, Kirchen oder Schafen – so einer noch nie. Die Nervosität der Tabubrecherinnen kann man sich vorstellen. Tausend Kalender wollten sie drucken lassen und für je fünf Pfund verkaufen, das wären dann fünftausend Pfund gewesen für die Leukämieforschung. Aber der Drucker sagte, unter dreitausend Stück finge er gar nicht erst an, und Tricia dachte: »Meine Güte, wie sollen wir bloß so viele Kalender loswerden?«

Dann kam der Tag, als der Kalender in einem Pub in Cracoe vorgestellt werden sollte. Wenn es gut geht, dachten sie, wird vielleicht die *Yorkshire Post* da sein und eine lokale Fernsehstation. Wenn es ganz gut geht, kommt vielleicht eine Einladung zu einer Talkshow. Sie hatten keine Ahnung, was ihnen bevorstand.

Es war ein Medienrummel, wie ihn dieses friedliche Stück Yorkshire noch kaum je erlebt hat.

Alle großen Fernsehstationen waren da, alle nationalen Blätter, die regionalen sowieso, und als am Abend Angela die *BBC*-Fernsehnachrichten anstellte, da war von ihr und den anderen *Calendar Girls* die Rede, ein Bild von John war zu sehen, und sie fand es »incredible«.

Nicht lange, da schwappte die Nachricht ins Ausland, auch ins ferne: Ros' Sohn erfuhr von der Mutprobe seiner Mutter aus dem australischen Fernsehen. Die dreitausend Kalender waren schon nach ein paar Tagen ausverkauft, es wurde nachgedruckt und immer weiter nachgedruckt, und um der Flut von Bestellungen Herr zu werden, stellte ihr Sponsor, die Brauerei Jennings, drei zusätzliche Telefonisten ein. Das Packen und Verschicken von Hunderten von Kalendern jeden Tag aber war Aufgabe der Frauen. So wie Tennisspieler über den Tennisarm, so klagte Angela bald über ihren »Kalenderarm«.

Aber sie tat es mit Freuden. Denn die Damen waren, was man im Englischen *thrilled* nennt: elektrisiert durch das unerwartete Gelingen, stolz, dass etwas, das sie sich ausgedacht hatten, eine solche Wirkung entfaltete. Inzwischen sind hundertachtundzwanzigtausend Kalender in Großbritannien und zweihunderttausend in den USA verkauft worden, und der Erlös in Höhe von siebenhunderttausend Pfund, umgerechnet knapp einer Million Euro, ist der Leukämieforschung zugeflossen.

Das ist ein bisschen wie im Traum, und Terry Logan sagt ja auch, manchmal müsse er sich kneifen, weil er gar nicht glauben kann, »dass wir es sind, denen das zugestoßen ist«. So eine große Nummer, so geglückt, und vielleicht war es ja wirklich so wie Angela glaubt, nämlich dass »irgendwo oben im Himmel John hinter einem Schreibtisch gesessen und Regie geführt hat«.

Nicht, dass der Erfolg die Vorherrschaft der Pirelli-Nackedeis in den Autowerkstätten des Landes in Gefahr gebracht hätte – dazu sind die Schwarzweißfotos aus Yorkshire viel zu dezent. Wohl aber haben sie andere Gruppen zur Nachahmung inspiriert. Ob Metzgermeister oder Fuchsjäger, die Frauen des Glasgow City FC oder das Leicester Tigers Rugby Team – landauf, landab wird nun lustvoll für Kalenderblätter gestrippt, derweil die Originale in Yorkshire vom *Guardian* für den Geschlechterkampf entdeckt wurden.

Ob da nicht womöglich »die finale Grenze zur Frauenbefreiung überschritten« worden sei, fragte das Blatt. Nein, nein, sagt Beryl Bamforth ein bisschen erschrocken, um Feminismus sei es ihnen nicht gegangen – »wir haben nicht die Absicht, unsere Büstenhalter zu verbrennen oder so was«.

Aber auch mit Büstenhaltern haben sie manches verändert – zum Beispiel die Organisation der Women's Institutes. Die ist mit ihren 230.000 Mitgliedern seit langem eine Macht im Land. Sie verkörpert die Frauenpower der Mittelklasse, und wie unangenehm die werden kann, das bekam vor Jahren Tony Blair zu spüren, als er auf der WI-Jahreshauptversammlung eine parteipolitische Rede hielt und dafür zur Strafe von den Delegierten mit langsamem Klatschen aus dem Konzept gebracht wurde. Selten hat man den Regierungschef so irritiert und hilflos gesehen.

Die Frauen aus Yorkshire, die dabei waren, weil sie gerade Werbung machten für ihren Kalender, fanden's prima. Doch jenseits solcher Highlights hat die Organisation ein hausbackenes, betuliches Image, jedenfalls hatte sie das, bis der Staub aufgewirbelt wurde durch die *Calendar Girls*. Seither gibt es viele Anfragen wegen Mitgliedschaft, und der Film hat das Interesse noch mal gesteigert.

Vermutlich musste so ein Stoff früher oder später in den Händen von Filmemachern landen. Die Gruppe der Frauen freilich hat sich dadurch gespalten. Angela, Tricia, Beryl, Lynda, Ros und Christine hatten kein Problem mit dem Projekt und unterschrieben den Vertrag mit der Filmgesellschaft.

Die anderen fünf aber hatten genug. Denen war der ganze Trubel ohnehin schon zu viel geworden, hier eine Einladung, dort eine Ehrung, *women of the year*, Werbung für Waschpulver – nicht auch noch ein Film. Die Gruppe um Angela und Tricia aber genoss es, ihre Geschichte noch einmal entstehen zu sehen. Nicht als Kopie, doch mit so vielen Ähnlichkeiten, dass es leicht war, sich wiederzuerkennen, und was darüber hinaus an Glamour auf sie abfärbte, das ließen sie sich gerne gefallen.

Angela hat ein Album mit Fotos aus dieser Zeit. Auf einem sieht man sie und Tricia, wie sie mit ihren Alter Egos im Film, den Schauspielerinnen Helen Mirren und Julie Walters, einen Strand entlanglaufen. Es ist der von Cannes, und Angela sagt, es sei ein Schaulaufen gewesen vor etwa drei Dutzend Kameras. Aus dieser Perspektive müssen die Dörfer im Norden Yorkshires sehr klein ausgesehen haben, und auch auf dem Londoner Leicester Square werden sie sich gefühlt haben wie auf einem anderen Planeten: Da waren rote Teppiche ausgelegt zur Premiere, Pfade für die Berühmten, und die galten auch für die Frauen aus der Provinz.

Fotos davon und vom Premierenball im Grosvenor House Hotel sind ebenfalls im Album. Es muss eine rauschende Nacht gewesen sein mit 1200 Gästen, und für eine Teilnehmerin war das alles eine große Geburtstagsparty. Es war Beryl Bamforth, die an diesem Abend siebzig Jahre alt wurde.

Sie erzählt dies freilich erst beim Nachfragen. Sagt man zu ihr »Wie alt sind Sie, Frau Bamforth?«, weil man das ja wissen muss für seinen Artikel, guckt sie einen spöttisch an und bemerkt spitz: »Hundert.« Fragt man Ros Fawcett nach ihrem Beruf, dann kommt ganz trocken die Antwort: »Nacktmodell und Hausfrau.« Es ist etwas geschehen mit diesen Frauen, keine Frage, und sie sagen das auch selber: Viel mehr Selbstvertrauen hätten sie als früher.

Reden halten, Interviews geben, im Rampenlicht stehen – alles kein Problem mehr. Angela war gerade in einem auf Leukämiefälle spezialisierten Krankenhaus in Manchester und hat dort eine kleine Rede gehalten. Nicht, dass es ihr leicht gefallen wäre, aber, sagt sie, »ich hab' jetzt die Stärke, so was zu machen«.

Und weil die Nachfrage groß ist nach ihnen und es für jede Rede immerhin ein Honorar von dreihundert Pfund gibt (Geld, das weiterhin der Leukämieforschung zugute kommt), werden sie solche Auftritte wohl noch öfter machen. Dazu die ganzen Reisen zu Filmfestivals und -premieren, mal nach Locarno, mal nach Dublin, mal nach Sydney, kein Wunder, dass die Girls für das kommende Jahr bereits ausgebucht sind. Manchmal ist das alles ein bisschen viel, und Lynda, die ja auch malt, sagt leicht seufzend, sie habe schon seit Monaten keinen Pinsel mehr in der Hand gehabt.

Angela indes, die Witwe, ist dankbar, dass durch all die Aktivitäten »Tage ausgefüllt wurden, die sonst sehr leer gewesen wären«. Manchmal fragt sie sich, was John wohl dazu sagen würde. Sie glaubt, dass er stolz wäre.

Es ist stockdunkel, als wir uns auf den Weg machen zurück nach London. Man vergisst als Städter, wie finster es sein kann auf dem Land. Aber hier, wo angeblich nie was passiert, passiert manchmal doch was. Man würde es nicht merken, wenn man durch die Dörfer führe und zum Beispiel an einem Donnerstag an der Village Hall von Cracoe vorbeikäme und hörte, wie sie in der WI-Frauengruppe ihre Hymne »Jerusalem« anstimmen. So wie immer. Angela, Tricia und die anderen mögen jetzt berühmt sein, aber sie gehen nach wie vor da hin.

Selbstverständlich tun sie das. Beim letzten Mal gab es einen Vortrag über die Geschichte der Toilette. Davor einen über Geschirrtücher. Nein,

nein, abgehoben hat keine, und wenn man zum Beispiel Beryl Bamforth fragt, ob das Ganze denn nun eine aufregende Sache gewesen sei, schüttelt sie den Kopf. Nein, aufregend nicht, interessant sei es gewesen – »an interesting experience«.

November 2003

Der Stoff, der sie am Leben hält

Der Weber John MacMillan schöpft wieder Hoffnung

Es ist einer dieser Tage, an denen sich von selbst erklärt, warum sie den Tweed gerade hier erfunden haben. Am Himmel hängen Fetzen blauer Seide und künden vom Frühling, aber alle anderen Zeichen stehen auf Sturm. Es bläst so brutal von Westen, dass sich die Gräser an der Steilküste über der Broad Bay zitternd flachgelegt und unten in der Bucht die Wellen zum Zeichen ihrer Panik Fahnen aus weißem Schaum gehisst haben. Gleich wird sich der Himmel wieder grauschwarz verschleiern – *light charcoal*, zart holzkohlenfarben, würden sie das bei KM Harris nennen – und sich ausschütten, so wie er das hier öfter am Tag tut.

Keine sehr wirtliche Insel um diese Jahreszeit, aber die Bewohner klagen nicht; sie kennen nichts anderes. John MacMillan zum Beispiel hört ihn schon gar nicht mehr, den Sturm, wenn er so wie jetzt gerade um seine Garage faucht. Erst als er es wagt, die Tür aufzudrücken und an ihr zu rütteln, steht MacMillan von seinem Webstuhl auf und macht sie knallend zu. Dann nimmt er wieder Platz hinter seiner Maschine, tritt bedächtig in die Pedale, beugt sich vor, verschränkt die Arme über einer Art Lenker und lässt den Blick sehr konzentriert und aufmerksam über das Tuch schweifen, an dem er webt. Zwei große, fast zwei Meter lange Spulen bewegen sich langsam und ruckweise voran – die eine, die das Garn abwickelt, die andere, die den gewebten Stoff aufwickelt. Es ist ein graues Stück Tweed, das entsteht, es ist aber auch ein bisschen Zuversicht, die wächst – Zuversicht, dass die schlimmen, auftragsarmen Zeiten endlich vorbei sind.

Tatsache ist: So viel Arbeit wie in diesem Jahr hat der Weber John MacMillan schon ewig nicht mehr gehabt. Er ist sogar ein wenig unter Druck. Bis Ende April muss er nicht nur 195 Meter grauen Tweed gewebt haben, sondern auch noch 325 Meter blauen. Die neue Spule mit dem blauen Garn, noch in schwarze Plastikfolie eingehüllt, liegt schon bereit. Tatsache ist aber auch, dass man zu diesem Zeitpunkt kaum Schlüsse auf den Verlauf des gesamten Jahres ziehen kann. Letztes Jahr um diese Zeit hatte MacMillan auch noch ganz gut zu tun, aber dann brach es im Mai plötzlich ab – und der nächste Auftrag kam erst wieder im Oktober. Diese Zwangspause hat er zu oft erlebt, als dass er seinem augenblicklichen Glück wirklich trauen und die bange Frage verdrängen könnte: »Wie lange geht es so weiter?«

Beantworten kann sie ihm keiner, aber es gibt Indizien, die der Hoffnung Nahrung geben. Man findet sie nicht hier auf der Halbinsel Point, wo MacMillan oberhalb der Broad Bay sein Haus, seine Garage mit dem Webstuhl und sein windzerzaustes Stück Land mit den Schafen hat. Man findet sie sechs, sieben Meilen westwärts die schmale Straße hinunter, wo Stornoway liegt, die Hauptstadt der Insel, und wo die KM Harris

Tweed Group ihre Zentrale und eine ihrer zwei Spinnereien hat. Bei KM Harris bearbeiten sie Schafwolle, färben sie und spinnen sie zu Garn, das dann Webern wie John MacMillan zur Heimarbeit nach Hause geliefert wird.

Die Firma produziert über neunzig Prozent des Tweeds auf der Insel und beschäftigt den größten Teil der hier lebenden Weber – so es Beschäftigung gibt. Sie hat praktisch eine Monopolstellung inne und wenn sie, wie in den ersten drei Monaten dieses Jahres geschehen, zum ersten Mal seit langem ihre Belegschaft in den beiden Spinnereien um ein Drittel auf 132 Mann aufstockt, dann ist das ein gutes Zeichen. Auf einer kleinen Hebrideninsel am Rande Europas, wo die Arbeitslosigkeit groß und die Abwanderung der Jungen kaum zu stoppen ist, zählt jeder Job. Und er zählt umso mehr, wenn er in der Tweedindustrie geschaffen wird. Die nämlich hat die Doppelinsel Lewis with Harris geprägt, im Guten wie im Schlechten. Sie hat sie erst berühmt gemacht und dann durch ihren Abstieg in den Sog einer bösen Flaute gerissen.

Ganz am Anfang war der Wunsch der Inselmenschen, sich zu schützen vor den Stürmen und den kalten Nebeln, und so erfanden sie einen Wollstoff, der grob war und kratzig, aber auch warm und wetterfest. Sie nannten ihn in ihrer gälischen Sprache *Clo Mhor,* großes Tuch, und ahnten nicht, dass er einmal als Harris Tweed die Laufstege von Mailand bis New York erobern würde. Was ein Siegeszug werden sollte, begann damit, dass eine Blaublütige das Tuch zunächst einmal in ihren Kreisen einführte. Die Countess of Dunmore, damals die Besitzerin von Harris, machte Anfang des 19. Jahrhunderts den Tweed unter den schießenden und jagenden Lords und Ladys populär – und nicht lange, da war aus dem Tuch der Schäfer und Bauern die Freizeitkleidung des britischen Landadels geworden.

Hundert Jahre später begann die Kommerzialisierung im großen Stil. Nicht, dass woanders – in Irland, in England – nicht auch Tweed gewebt würde, aber der wahre, der handgewebte Tweed, der mit dem berühmten Markenzeichen aus Reichsapfel und Kreuz, kommt nur aus Lewis with Harris. Versuche, den guten Namen von der Insel zu entführen, hat es immer wieder gegeben. In Japan sollen sie zu diesem Zweck eigens eine Insel in Harris umbenannt haben, und als in den sechziger Jahren Textilhersteller in Schottland meinten, dass in Harris und Lewis handgewebter, ansonsten aber auf dem schottischen Festland vorbereiteter und bearbeiteter Tweed doch auch als »Harris Tweed« durchgehen müsste, da entwickelte sich daraus ein gewaltiger Rechtsstreit, der mit einem historischen Urteil endete. Um als Harris Tweed zu gelten, so der Richter des Supreme Court of Scotland, müsse der komplette Produktionsprozess auf die Insel beschränkt sein – vom Färben und Spinnen bis zum Waschen und Bügeln des fertigen Stoffes.

Damit war einer strukturschwachen Insel das Leben gerettet worden, und eigentlich konnte es fortan nur noch aufwärts gehen. Mitte der sechziger Jahre war der Boom in schönster Blüte: Über tausend Weber webten jedes Jahr bis zu sieben Millionen Meter Tweed, und einer von ihnen, ein gewisser John MacMillan, konnte sich nur gratulieren, dass er sich 1958 als Achtzehnjähriger fürs Weben und nicht, was die einzige Alternative gewesen wäre, wie sein Großvater fürs Fischen entschieden hatte. Der Lohn stimmte, es gab jede Menge Arbeit und die Technik hatte er sich bei den anderen Webern in seinem Heimatdorf im Süden von Lewis schnell abgeguckt. Von seinem älteren Bruder, ebenfalls einem Weber, bekam er seinen ersten gebrauchten Webstuhl – den damals üblichen Hattersley. Das war ein Ungetüm aus Gusseisen, das viel Öl fraß, protzig seine hin und her rasenden Weberschiffe spielen ließ und so klang wie ein mit Alteisen beladenes Pferdefuhrwerk auf Kopfsteinpflaster. Bald gehörte das Klappern der Webstühle zur Insel wie das Kreischen der Möwen, das Tosen der Brandung und das Heulen des Windes.

Doch dann wurde es weniger, kam wieder, wurde erneut weniger, und Ende der neunziger Jahre schien es, als wäre der gute, alte Hattersley zur aussterbenden Spezies geworden. Bald war die Jahresproduktion an Tweed auf weit unter eine Million Meter gesunken und von den aktiven Webern waren gerade mal 250 übrig geblieben. Was war geschehen? Der alles entscheidende Exportmarkt USA war weggebrochen. Übersättigt von dem Stoff aus Schottland, mit dem sie seit Jahren schier überflutet worden waren, machten die Amerikaner praktisch über Nacht die Schotten dicht. Tweed war out. Dann gingen auch noch die

Kunden im Fernen Osten auf Abstand, die Japaner, die Koreaner, und am anderen Ende der Welt, in seinem Büro in Stornoway, sah Derick Murray, der Besitzer von KM Harris, eine Industrie »zu einem Handwerk verkümmern«.

Für Handwerker MacMillan brachen schlimme Zeiten an. Wenn er gewebt hatte, was zu weben war, saß er untätig in seiner Wohnstube und horchte auf die Geräusche draußen auf der Straße – in der Hoffnung, dass vielleicht doch noch ein Lastwagen von KM Harris kommen und eine neue Spule bringen würde. Er wartete und wartete, aber wenn sich dann im Mai herumsprach, dass sie in der Spinnerei in Stornoway damit begonnen hatten, Personal abzubauen, dann wusste er, dass die Saison gelaufen war. Die sechsköpfige Familie musste sich einschränken, mehr als das Nötigste war nun nicht mehr drin. Die MacMillans litten, die ganze Insel litt: Läden schlossen, die Abwanderung bekam neuen Schwung. So geht es nicht mehr weiter, sprachen eines Tages die führenden Leute im Tweedgeschäft auf der Insel – und fingen an, ihr Business neu zu erfinden.

Vorausgegangen war eine schonungslose Diagnose. Der Webstuhl – zu antiquiert, zu ineffizient. Der Tweed – zu schwer, zu bieder, zu einseitig auf männliche Kundschaft ausgerichtet. Alles sollte anders werden, und so kam es, dass MacMillan unversehens vor einer schwierigen Entscheidung stand. 3900 Pfund investieren in einen neuen Webstuhl? Auf seine alten Tage noch umschulen auf eine andere Technik? Die Weber der Insel waren sich so uneinig wie nie zuvor, ihre

Gewerkschaft spaltete sich. Man stritt und argumentierte, aber irgendwann hatte sich John MacMillan durchgerungen. Der alte Hattersley kam in die Abstellkammer. Da setzt er nun langsam Rost an und kommt eigentlich nur noch zum Einsatz, wenn sein Besitzer mal auf eigene Rechnung webt – für das kleine Touristenlädchen, das seine Frau betreibt. In der Garage aber zog der Neue ein.

Der klingt immer noch wie ein Pferdefuhrwerk auf Kopfsteinpflaster – aber ohne das Alteisen. Viel angenehmer auch, ihn anzutreiben – »so als radelte man einen Berg hinunter«, sagt MacMillan. Er mag auch die veränderten Garne, mit denen er nun webt. Sie sind, angereichert durch andere als nur die ziemlich raue schottische Schafwolle, weicher, schmiegsamer geworden, die Farben heller und freundlicher. Überhaupt die Vielfalt der Farben. Derick Murray sagt, die sei vielleicht das Schönste am Harris Tweed, der ja nie so ist, wie er wirkt.

Zum Beispiel dieses dezent gemusterte Grün, mit dem sie in dieser Saison guten Erfolg haben. Es wirkt tatsächlich grün und besteht doch in Wahrheit aus sechs Garnen, die wiederum aus Wolle in 21 verschiedenen Farben zusammengemixt wurden – von Rehbraun und bernsteinfarben bis Weiß und Olive. Bei KM Harris arbeiten sie mit 180 Farben, die sie nach eigenen Rezepten mischen und mit Namen versehen. Sie lesen sich wie Poesie: *Smoky Pink, Misty Blue, Peacock, Kingfisher, Jade, Tropic Red, Biscuit, Moss Green, Thunder Blue, Light Charcoal, Toffee, Mirabelle, Jasmine.* Auch das Stück Tweed, das John MacMillan gerade webt, ist nicht einfach nur grau. Es ist eine Mischung aus vierzehn Farben, ist weich und wird wohl in die Damenoberbekleidung gehen. Das nämlich hat die Neuorientierung der Tweedindustrie auf Harris with Lewis bereits gebracht: Die Hersteller von Damenmode sind viel interessierter als früher. Deutsche Häuser wie Bogner, Strenesse und Jil Sander bestätigen das. Und so geht es denn langsam wieder voran auf der Insel: Ein Drittel mehr Aufträge als im letzten Jahr, sogar die Amerikaner zeigen erstmals wieder Interesse.

In der Garage des John MacMillan ist es ungemütlich und kalt. Eine verkramte Bude mit Gartenschlauch und Angeln und Gummistiefeln und Werkzeug, ungeheizt, windumtost, und mitten drin das Pferdefuhrwerk, übertönt nur vom Radio. John MacMillan lässt die Pedale rund laufen und den Blick schweifen über das Tuch, an dem er webt – ein freier und unabhängiger Weber, der vielleicht manchmal gerne ein bisschen weniger frei gewesen wäre. Er sagt: »Alle Weber auf der Insel haben jetzt Arbeit.« Er sagt es nicht triumphierend. Er stellt es fest. Zu viel Genugtuung könnte ja das momentane Glück herausfordern. Von seinen zwei Söhnen wird keiner den Job mal übernehmen. Der Vater würde auch gar nicht erst versuchen, sie zu drängen, im Gegenteil: »Meine schlechten Erfahrungen möchte ich ihnen gerne ersparen.« Mangel an Arbeit sei »eine schreckliche Belastung«. Draußen fegt der Sturm über das braune Land. Nur noch wenig Blau am Himmel.

Könnte *Misty Blue* sein – oder doch mehr

Thunder Blue? Dumme Frage und völlig uninteressant für die Farbenmixer und Stoffmacher auf Lewis with Harris. Die wollen nicht wissen, wie der Himmel, sondern wie die Zukunft aussieht. Wäre rosig das Wort? Vielleicht ist es ja kein Zufall, dass sie bei KM Harris gerade eine Farbe mit dem schönen Namen *Paris Pink* erfunden haben.

April 2001

Shaun, ein Schauspieler, der auch Fliesen legt

Ein Meister seines Fachs

Hinterher ist man immer schlauer. Zum Beispiel die Stimme. Zum Beispiel die Ausdrucksweise. Natürlich hätte man es ahnen können. Aber ich war zum ersten Mal in England und warum, bitte schön, soll ein englischer Handwerker nicht eine wohlklingende, sonore Stimme haben? Und warum soll er seine Worte nicht sehr sorgfältig wählen? Es war vor ein paar Jahren im Herbst. Das Haus war noch eine wüste Baustelle, und die beiden Handwerker, die ich engagiert hatte, um Ordnung in das Chaos zu bringen, sahen aus, als hätten sie nie etwas anderes gemacht, als Ordnung in anderer Leute Chaos zu bringen. Keith sowieso, der Boss, stämmig, plattfüßig und so gehobelt, wie es einem Ungehobelten gerade mal möglich ist. »Where are my ciggis?«, rief er durchs Haus, und dann rannte Shaun, der Ältere, los und holte dem Jüngeren die Zigaretten. Shaun: Der mit der wohltönenden Stimme.

Shaun trug löchrige, mit weißer Farbe bekleckerte Trainingshosen, ausgelatschte Turnschuhe und oben herum trug er meistens nichts. Meine Tochter Nina und ich kamen aus Singapur, der englische Spätsommer kam uns ziemlich kalt vor. Zum ersten Mal seit langer Zeit hatten wir wieder Pullover an. Aber Shaun stellte mit freiem Oberkörper die Leiter an die Fassade und kletterte mit Pinsel und Farbeimer hoch bis zum Dach, wo Nina ihr Zimmer hat, und fing an, die Fensterrahmen zu streichen. Von außen sah das nicht weiter ungewöhnlich aus, aber als Nina aus der Schule kam und die zwei Treppen zu ihrem Zimmer hochgestiegen war, da traf sie fast der Schlag. Vor ihrem Fenster schwebte, anscheinend schwerelos, pinselschwingend ein halb nackter Mann.

Es hätte eine witzige Filmszene sein können, aber es war der Alltag eines Handwerkers, und es gab keinen wirklichen Grund, Shaun nicht für einen solchen zu halten.

Shaun strich, er holte Zigaretten, er legte Fliesen. Das heißt, er legte die Fliesen nicht einfach, er zelebrierte das Fliesenlegen. Selbst Keith hielt dann manchmal inne, sah ihm anerkennend zu und flüsterte: »Klasse, was?« Ja, Shaun war zweifellos ein Meister seines Fachs. Aber dann legte er eines Tages in ausgelassener Stimmung zwischen den Farbeimern eine Art Stepptanz hin, eine Frage wurde gestellt, eine Antwort gegeben, und wenn ich heute Shaun treffe, um mit ihm eine Partie Backgammon zu spielen oder um ein bisschen zu quatschen, dann ist statt von Fliesen öfter mal von jener Zeit die Rede, als der Name Shaun Curry noch auf den großen Billboards der Theater im Londoner Westend stand. Shaun ist nämlich Schauspieler von Beruf. Theater ist, wie er das nennt, »meine erste Liebe«, und so wie sie sich anließ, schien sie groß genug gewesen zu sein für ein ganzes Leben.

Es lag wohl im Blut. Shauns Mutter war Mannequin und Schauspielerin, sein Vater Toningenieur. Er hatte einen großen Namen in der Theaterwelt, denn er gehörte zu den Pionieren, die die Westend-Theater mit Schalltechnik versorgten. Die großen Impresarios wie Jack Hilton oder Prince Littler kannten und schätzten ihn – auch weil er so witzig und so unterhaltsam war und mit seiner unbekümmerten Art so gut in die Szene passte. Von seinem Vater hatte er einen Haufen Geld geerbt, das brachte er in kürzester Zeit bedenkenlos unter die Leute. Zu Hause ging es ziemlich stürmisch zu, Shaun sah seine Eltern streiten »wie Katz und Maus«, er sah seine Mutter zweimal ausziehen und zweimal zurückkehren. Er bewunderte seinen Vater, aber es gab auch Tage, da hatte er furchtbare Angst vor ihm.

Schule war öde. Seine Lehrer fand Shaun zum Fürchten, ihren Unterricht todlangweilig. »Wir lasen Shakespeare, aber wir hatten keine Ahnung, was wir da lasen.« Einmal sah er Hamlet im Kino mit Laurence Olivier in der Hauptrolle, und das war eine Offenbarung: »Plötzlich war da eine richtige Geschichte.« Ein Berufswunsch war damit aber noch nicht geweckt. Shaun wollte zur Royal Navy, zur Marine. Doch dann passierte etwas. Zum ersten Mal hatte er in englischer Literatur einen Lehrer, einen Mr. Fenwick, der es verstand, den Unterricht interessant zu machen und »Macbeth« als eine aufregende Story zu verkaufen. Und als der den Schülern aufgab, die berühmte »Tomorrow Speech« auswendig zu lernen, da geschah es, dass selbst Shaun, der solche Lehrerwünsche bis dahin konsequent ignoriert hatte, die Sache ernst nahm.

Er war es dann auch, der aufgefordert wurde vorzutragen. Als er am Ende war, herrschte Stille in der Klasse. Keiner sagte etwas, auch Mr. Fenwick nicht. Erst nach einer langen Pause und wie aus großer Entfernung hörte Shaun die Worte des Lehrers: »Sie erwarten doch nicht, dass ich das benote – oder?« Meinetwegen, dachte Shaun, ist mir doch egal. Er hatte die Bemerkung falsch verstanden. Viel zu gut für eine Schulnote fand der Lehrer den Vortrag. Fast feierlich setzte er hinzu: »Ich denke, Mr. Curry, Sie haben jetzt endlich Ihren Platz gefunden. Sie sollten Schauspieler werden.«

Doch Shaun wollte weiterhin zur Navy. Er war dankbar für das Erfolgserlebnis, aber die Marine stellte immer noch die größte Verlockung für ihn dar, und erst als er im Dartmouth Naval College wegen mangelhafter Mathekenntnisse die Aufnahmeprüfung verpatzt hatte und auch bei der Handelsmarine nicht angekommen war, stand für ihn fest: »Ich werde Schauspieler.«

Der Vater warnte ihn. Die Schauspielerei, sagte er, sei eine höchst unsichere Sache. Immerhin, finanzielle Hilfe sagte er zu – »aber mehr auch nicht«. Das sollte heißen, dass er seine Kontakte zu all den großen Impresarios, die er kannte, nicht spielen lassen würde für seinen Sohn. Shaun war jetzt sechzehn, bei einem guten Amateurtheater im Londoner Stadtteil Ealing wurde er für einen Zweijahreskurs angenommen. Es machte ihm Spaß, er war glücklich, er blühte auf und er hatte – das ferne Echo der Worte seines Lehrers im Ohr – das Gefühl, jetzt genau da zu sein, wo er hingehörte.

Mit einem Mitschüler namens Peter wettete er um fünf Pfund, wer von beiden als Erster im berühmten Londoner Westend spielen würde. Aber dann rief ihn die Armee. Shaun hatte seinen National Service abzuleisten, er landete bei den »Coldstream Guards«, einem der härtesten Regimenter im Land. Als er es nach drei Jahren als 21-Jähriger wieder verließ, war er ein muskelgestählter Athlet, so fit wie nie zuvor. Er ging zurück nach Ealing und beendete seinen Theaterkurs.

Aber die Lehrzeit ging weiter. Shaun gewann ein Stipendium für die berühmte Royal Academy of Dramatic Art (RADA). Die war zwar gerade ein bisschen in Verruf geraten, weil sie von der Aristokratie dazu missbraucht wurde, ihren Kindern Schliff zu geben, trotzdem stellte die Schule, die so viele berühmte Bühnenkünstler hervorgebracht hatte, für Shaun eine große Chance dar. Hier nun lernte er die Feinheiten des Gewerbes, all die kleinen Tricks und Kniffe, durch die ein Schauspieler erst zum Schauspieler wird – wie man auf der Bühne ein Telefon benutzt, wie man eine Pointe vorbereitet, wie man Pausen wirkungsvoll einsetzt und wie man sich eine Zigarette anzündet.

Shaun lernte, aber er übertrieb es nicht. Er war immer noch ein bisschen blasiert. Kam er nicht weiter im Text (weil er sich nicht ordentlich vorbereitet hatte), dann improvisierte er eben. »Sehr interessant, Shaun«, sagte dann der Lehrer, »und wer soll das geschrieben haben?« Aber als es ernst wurde und die RADA-Zöglinge auf der Bühne vor zahlendem Publikum ausprobiert wurden, da war auf einmal alles anders.

Shaun lernte wie besessen und er stellte fest, dass es ihm überhaupt keine Schwierigkeiten machte, große Rollen in vier, fünf Tagen auswendig zu lernen. Auf den Mark Anton aus »Julius Cäsar« folgte der Vernehmungsbeamte aus dem »Gefangenen«, er lernte und er spielte, er hörte den Beifall, er las über sich in der Zeitung, es war wie im Rausch. Im Publikum saßen auch Theateragenten auf der Suche nach neuen Talenten, und einem von denen fiel der 24-jährige Shaun Curry auf. Man unterhielt sich, man wurde sich einig und fortan gehörte Shaun der Royal Shakespeare Company an, die im Aldwych Theatre zu Hause war. Das war zu der Zeit das große, nationale Theater, und es befand sich im Londoner Westend. Shaun hatte die Wette gewonnen; Peter, sein Freund aus Ealinger Zeiten, zahlte anstandslos die fünf Pfund. Ein bisschen neidisch wird er gewesen sein, denn kann sich eine Karriere besser anlassen als in einer so renommierten Truppe in einem so renommierten Theater?

Rhyl. Kennt jemand Rhyl? Rhyl liegt in Wales und hat einen Strand. Bei gutem Wetter kann man da baden. Im Winter wirkt Rhyl ziemlich schäbig. Aber es gibt ein Theater, und an seinem Eingang verkündet ein buntes Plakat, was gerade gespielt wird: »Robin Hood and the Babes in the Wood«. Die Hauptdarsteller werden groß und mit Bild vorgestellt. Der Name Shaun Curry steht klein unten rechts in der Ecke. Ohne Bild.

Dezember ist die Zeit, wenn in der Provinz leicht verdauliche Ulkstücke gefragt sind, wo das meist jugendliche Publikum nach Herzenslust toben, schreien und den Akteuren zusetzen darf. Shaun bekommt dafür manchmal Angebote, und dann nimmt er sich bei Keith frei. So auch diesmal. Die ersten acht Reihen sind voll mit Schulkindern, weiter oben sitzt eine Seniorengruppe. Die Platzanweiserinnen tragen grüne Filzhütchen. Shaun ist als Sheriff von Nottingham der Fiesling des Stücks – und zieht die wütenden »Buhs« der Kinder auf sich. Geradezu lustvoll kitzelt er die Unmutsäußerungen des Publikums heraus. Nach der Aufführung sagt er, es sei herrlich, den Bösewicht zu spielen. Er tut es acht Wochen lang.

Shaun nahm die fünf Pfund – und schickte sie zurück. Er fand, das legendäre Westend, wo früher die Stars gemacht wurden, sei die Wette nicht wert – mehr Schein als Sein, viel Glimmer, wenig Glanz. Und das Renommee des Aldwych Theatre? War kein Trost für den Schauspieler Curry, als er die erhofften Rollen nicht bekam. Er arbeitete mit großen Regisseuren und mit glänzenden Schauspielern, er machte wertvolle Erfahrungen – aber der Durchbruch blieb aus.

Nach zwei Jahren verließ er die Royal Shakespeare Company und versuchte es auf eigene Faust. Er spielte mal hier, mal da, und einmal, da inszenierte er ein Stück. Es war Shakespeares »Mittsommernachtstraum«, und weil es eine erfolgreiche Produktion war, ging man anschließend auf Tournee durch deutsche Universitäten. Als er zurückkam auf die Insel, war sie plötzlich da – die große Chance, auf die wahrscheinlich jeder Schauspieler hofft. Im Musical »Maggie May«, einer Liverpooler Docker-Story, stieg der

Hauptdarsteller Kenneth Haigh aus und seinem 27-jährigen Ersatzmann Shaun Curry wurde die Nachfolge angeboten. Der war kein ausgebildeter Sänger und auch kein Tänzer, aber er hatte, wie sich herausstellte, das Zeug zur großen Nummer. Zwei Monate spielte er im Adelphi Theatre den Pat Casey.

Bath. Ein schönes, altes Theater. Eines von den wenigen, die in der Ära des Fernsehens noch am Leben sind. Shaun hat wieder freigenommen bei Keith. Seit zwei Monaten ist er unterwegs mit dem Musical »42nd Street«, sechs Wochen hat er noch vor sich. »42nd Street« ist kein Vergleich mit »Maggie May«, höchstens eine B-Produktion – aber ein Job ist ein Job, und wenn der Eindruck nicht täuscht, dann ist das alte Zirkuspferd glücklich, wieder mal Manegenduft zu schnuppern. Es ist ein schmieriger Gigolo, den Shaun zu spielen hat, eine Rolle mit wenig Text und noch weniger Gesang. Es ist ein Musical über die Entstehung eines Musicals. »You are on your way to glory«, sagt der Regisseur zu seiner Truppe, und vielleicht hatte das damals im Adelphi der Regisseur ja auch zu Shaun gesagt – und vielleicht hatte der das ja sogar geglaubt.

In Wahrheit freilich erwies sich der vermeintliche Durchbruch als Weg in die Sackgasse. Als Ersatzmann in die Starrolle – so etwas kam in der Branche normalerweise nicht vor. Es galt als Unfall. Was aber schlimmer war: Als Westend-Star befand er sich nun in einer Einkommensklasse, in der es schwer war, Rollen zu finden. Nicht lange, da fühlte sich Shaun wie in einer Falle. Zwar bekam er zunächst noch ein Filmangebot, und es war sogar die Hauptrolle, wenngleich es andererseits ein Film von der Art war, wie man ihn in den USA um fünf Uhr morgens im Fernsehen zeigt. Aber danach ging es nur noch mühsam voran. Mal war er der Anwalt Lloyd Garrison in Heinar Kipphardts Stück »In der Sache J. Robert Oppenheimer«, mal der Troilus in »Troilus und Cressida« – doch die meiste Zeit war Shaun arbeitslos. Er war freilich nicht der Typ, der sich schnell entmutigen ließ. Er hatte sich in realistischer Einschätzung der vielen Unwägbarkeiten seines Berufs rechtzeitig ein dickes Fell zugelegt, weil er wusste, dass Dünnhäutige in diesem Business nicht lange leben.

Die Jobs mochten rar sein, die Clubs, die Mädels und die Saufkumpane waren umso zahlreicher. Und die Rennstrecken. Nürburgring, Spa, Brands Hatch – bald sah man Shaun in einem Porsche 911S Autorennen fahren und auf diese Weise das Geld verdienen, das ihm die Bühnen verweigerten. Er wusste, wie man überlebt, und zwar auch Unfälle, aber als er sich das Wrack des Rennautos besah, das er auf einer Trainingsrunde in Chrystal Palace zu Schrott gefahren hatte, da besann er sich wieder auf die Bühne. Als einer der »Four Musketeers« kehrte er in einem Musical ins Westend zurück. Es war das Jahr 1968, Shaun war jetzt 31 Jahre alt, und was folgte, waren zwanzig gute Jahre, in denen ein Schauspieljob den nächsten ablöste. Theater, Musical, Film, Fernsehen, ernste Bühnenstücke, leichte Feierabendserien – Shaun war nicht auf der Überholspur der Stars, aber da wollte er auch gar nicht hin, denn er hatte aus nächster Nähe beobachtet, was Starruhm aus Menschen zu machen vermag. Er wollte nur arbeiten, und zwar ohne größere Unterbrechungen.

Aber Ende der achtziger Jahre war es vorbei. Das war nun keine Laune mehr eines unberechenbaren Gewerbes, das war der Kollaps der alten Ordnung. Kabel- und Satellitenfernsehen begannen ihren Siegeszug, die Kommerzialisierung pflügte die Qualität unter. Wo man früher mit aufwändigen Eigenproduktionen Maßstäbe in der Fernsehunterhaltung setzte, besorgte man sich nun billige Seifenopern aus dem Ausland. Den Preis zahlten die Akteure, für die es immer weniger Jobs gab, und zwar auch im Theater. Der Grund dafür war die Rezession. Die Bühnen bekamen kaum noch Zuschüsse, das Publikum machte sich rar. Für Shaun, den Bühnen- und Überlebenskünstler, der 1983 geheiratet und inzwischen einen Sohn und eine Tochter hatte, wurde es kritisch. Aber er hatte einen Nachbarn, und der Nachbar war Fliesenleger und Shaun ein guter Lehrling. Als er das erste Mal auf einer Baustelle erschien, rief man ihm zu: »Na, kein Fernsehauftritt heute?«

Eine kalte, zugige Halle im Norden Londons, heutiger Drehort für den Fernsehfilm »Hot Money«. Shaun trägt eine schwarze Uniform und gedreht wird die Szene, wo der von ihm gespielte Sicherheitschef der Bank of England, ein Mr. Clover, zum ersten Mal mit dem Verdacht konfrontiert wird, dass sich unter seinen wachsamen Augen ein Millionendiebstahl zugetragen haben könnte. »Wir beschäftigen uns mit der Möglichkeit, dass einer Ihrer Angestellten eine große Summe Geldes entwendet hat«, sagt die Kriminalbeamtin. Clovers Gesicht die schiere Verachtung. »Wie bitte?« Die Beamtin, schon fast auf dem Rückzug: »Sie halten das nicht für möglich?« Clover, barsch und bissig: »Möglich? Es ist undenkbar!« Sehr gut, sehr gut, ruft Terry, der Regisseur, gefällt mir, gefällt mir gut. Es ist Freitag. Am Montag wird Shaun wieder bei Keith antreten.

Inzwischen ist der Film gelaufen, und wenn Shaun gedacht hat, dass der den Weg ebnen könnte zu einem wirklichen Comeback und nicht nur zu gelegentlichen Gastspielen wie in Rhyl oder Bath, dann hat sich die Hoffnung bisher noch nicht erfüllt. Sein Agent Nicholas Young sagt, er tue sein Bestes, wenn er einen Casting-Direktor am Telefon hat, also den Mann, der für die Besetzung eines neuen Films zuständig ist: »Sie erinnern sich doch an ›Hot Money‹, Shaun war klasse darin. Doch, wirklich, Shaun wäre genau richtig für die Rolle.« Aber von solchen Agenturen wie die, für die Young arbeitet, gibt es Unmengen allein in London, und am Ende hat der Casting-Direktor über hundert Vorschläge auf dem Tisch – und Shaun ähnlich gute Chancen wie beim Glücksspiel.

Young findet, Shaun sei ein hervorragender Charakterdarsteller, der nur leider das Pech habe, in einer Zeit zu leben, in der es viel zu viele Schauspieler und viel zu wenig Arbeit für sie gibt. London mag noch immer zehren von seinem Ruf als aufregende Theaterstadt, doch im Land ist die

Zahl der Bühnen in den letzten dreißig Jahren dramatisch gesunken. Dem Filmgeschäft geht es nicht viel besser. Der eine oder andere Erfolgsfilm ändert nichts daran, dass sich die britische Filmindustrie in einem erbärmlichen Zustand befindet. Entsprechend verzweifelt ist die Lage für viele Schauspieler. Zwanzigtausend Namen enthalten die vier Bände des britischen »Who is who« der Schauspielzunft, aber Young schätzt, dass höchstens ein Viertel von ihrem Beruf leben können. Die anderen seien darauf angewiesen, sich als Schreiner, Tapezierer, Anstreicher oder eben Fliesenleger ihren Unterhalt zu verdienen.

Demütigend? Wieso demütigend? Shauns Fell ist im Laufe der Zeit eher noch dicker geworden, und außerdem, sagt er, sei am Fliesenlegen nichts Entwürdigendes. Die Arbeit habe ganz im Gegenteil durchaus etwas Künstlerisches – »ich hab' deine Küche zertrümmert und sie hinterher wieder zusammengesetzt, ist das vielleicht nichts?«

Wenn jemand ein bisschen bitter ist, dann ist es Sally, seine Frau. Die sitzt manchmal abends vor dem Fernseher, sieht ein Serienstück, »Eastenders« vielleicht oder »Coronation Street«, sieht die Darsteller und denkt: Wieso der? Warum kriegt der die Rolle? Shaun könnte das viel besser. Könnte er womöglich, aber es sei nun mal so, sagt Young, dass bei dem »unglaublich scharfen Konkurrenzkampf« heutzutage beileibe nicht immer der Beste den Job bekomme. Oft läuft es darauf hinaus, ob einer gerade im richtigen Moment am richtigen Ort ist und von den richtigen Leuten gesehen wird – so wie es damals war, als Shaun bei

Jerry's am Tresen stand und so seine Rolle in der TV-Serie »The Fox« bekam. Aber wer sieht schon einen, der sich von sieben Uhr morgens bis sieben Uhr abends in anderer Leute Küchen herumtreibt und abends viel zu müde ist, um noch auszugehen?

So ist das mit meinem Freund Shaun. Das Theater liebt er noch immer, aber die Geliebte macht es ihm nicht leicht. Natürlich träumt er von einem Comeback, und wenn er manchmal in dem verstaubten »Cuttings Book« blättert mit all den Zeitungsartikeln, die über ihn geschrieben wurden, den Kritiken, den Bildern, den Theaterprogrammen, den Filmanzeigen, dann mag er wohl ein bisschen sehnsüchtig sein dabei. Aber das Leben ist, wie es ist, und wer sagt denn, dass es nicht noch Chancen vorrätig hat für den Schauspieler Shaun Curry? Regie würde er gerne führen und er glaubt, dass er es auch könnte. 65 Jahre ist er jetzt, in seinem Gewerbe eigentlich kein Alter. Zur Zeit schreibt er an einem Script fürs Theater. Kein Theaterstück, sondern ein Ein-Mann-Stück über das Theater – wie es einst war in den alten Zeiten, die kaum einer mehr kennt. Shaun kennt sie, und er sagt, die Arbeit an dem Text habe »etwas ausgelöst« in ihm. Er kann es noch nicht näher definieren, aber er spürt, »dass etwas wieder angefangen hat zu fließen«. Auch Keith hat das gemerkt. Er hat sich einen Ersatzmann besorgt.

März 2002

Balanceakt auf der Bühne der Tabus

Shazia Mirza ist gläubige Muslimin und lebt mit ihren Witzen gefährlich

Witze – naja, was so eine alkoholbefeuerte, wilde Meute halt für witzig hält. »… hat einen Haufen geschissen«, sagt der Mann vorne auf der Bühne, »so groß, dass man eine Hebamme zu Hilfe holen musste.« Eine Frau in der dritten Reihe erstickt fast, so sehr muss sie darüber lachen. Die Leute im Comedy Store haben Pommes vor sich und Bier, sie haben dreizehn Pfund, umgerechnet knapp neunzehn Euro, Eintritt bezahlt und dafür wollen sie nun zwei Stunden gut unterhalten werden. Die Witzeerzähler wechseln in schneller Folge, gerade ist ein Kanadier dran. »Aromatherapeut – kommt ins Zimmer, furzt einmal und verlangt fünfzig Pfund dafür.« Furzen, scheißen, da sind die Lacher garantiert. Dann kommt Shazia Mirza.

Man duckt sich unwillkürlich, weil man denkt, das kann ja nur ein Unglück werden, diese traurige, verirrte Gestalt ganz in Schwarz wird von der amüsiergeilen Meute zusammen mit den Pommes gleich lebendigen Leibes verschlungen werden – und an dem großen Fressen möchte man keinen Anteil haben. Aber Mut, das muss man ihr zugute halten, Mut hat sie: Stellt sich unerschrocken auf die Bühne, greift sich das Mikrofon und beginnt zu reden. »Mein Vater«, sagt sie mit tonloser Stimme, »hat mich heute Abend mal aus dem Haus gelassen, aber lange kann ich nicht bleiben, um halb elf holt er mich wieder ab. Er hält dies für eine Bücherei.« Die Kannibalen lachen gutmütig. Also gut, soll das heißen, wir geben dir eine Chance.

Shazia Mirza kennt das. Sie weiß, dass bei ihr das Publikum nur langsam in Fahrt kommt, weil es nämlich erst einmal den Schock verdauen muss, den ihr Erscheinen auf der Bühne auslöst. Denn das hat es in diesen Kreisen noch nie gegeben, dass da eine steht, die den Hijab auf dem Kopf trägt, den Kopf und Hals verhüllenden schwarzen Schleier der gläubigen Muslimin. Oder ist es nur Maskerade? Nein, »ich bin Muslimin«, erklärt sie – und irgendwie kann man es nicht fassen. Eine muslimische Komikerin? Aber nicht lange, da hat sich die Verblüffung an den Pointen gebrochen. »Mein Name ist Shazia Mirza«, sagt sie und setzt nach einer Kunstpause hinzu: »Jedenfalls ist das der Name, der in meinem Pilotenschein steht.«

Da brüllen sie im Comedy Store vor Lachen, und manche schreien auch »Buh«, weil es doch eigentlich unerhört ist: eine Jahrhunderttragödie, und hier macht sich eine lustig darüber, aber die Brüller sind eindeutig in der Überzahl. Der Abend wird ein Erfolg für Shazia Mirza, und eine Überraschung ist das nicht. So groß ist mittlerweile die Nachfrage nach ihr im britischen *comedy circus*, dass sie im Jahr 2001 dreihundert Mal aufgetreten ist. Und wenn es noch eines Karriereschubs bedurfte, dann hat den der 11. September gebracht.

Zwar hat sie aus Respekt vor den Opfern zwei Wochen lang Pause gemacht, aber anschließend bricht der Medienrummel umso heftiger über sie herein. Eine witzige Muslimin, die sich was traut – das ist als Kontrapunkt zu dem finsteren Islam-Bild fast zu schön, um wahr zu sein.

Dabei hätte das Leben der jungen Frau, die da Furore macht, eigentlich einen ganz anderen Verlauf nehmen sollen. Jedenfalls dann, wenn es nach den Eltern gegangen wäre. Die wandern in den sechziger Jahren aus Pakistan ein und lassen sich in Birmingham nieder. Traditionelle Muslime, die nicht zögern, ihre vier Kinder in die Zwangsjacke ihrer konservativen Vorstellungen zu stecken. Shazia, die Zweitälteste, wird auf eine Mädchenschule geschickt, wird morgens vom Vater hingebracht und nachmittags wieder abgeholt. Geht ihre Klasse auf einen Ausflug, bleibt sie daheim. Gehen ihre Freundinnen Penny und Christine zum Ballett, sitzt sie beim Koranlehrer in der Moschee. Kein Kontakt zu Jungs, keine Freiheiten. »Du bist Muslimin«, sagen die Eltern zur Begründung. Für Shazia machte das keinen Sinn.

Einmal in der Schule, da soll sie ein Stück aus der Bibel vorlesen. Shazia tut es, ganz ernst und konzentriert – und die Klasse biegt sich vor Lachen. Als sie zehn ist, schreibt eine Lehrerin ins Zeugnis: »Shazia spielt gerne den Klassenclown.« Aber wenn es denn ein Talent ist, dann hat sie kaum Möglichkeiten, es zu entwickeln. Dem Drängen eines Lehrers, Shazia Schauspielunterricht nehmen zu lassen, gibt der Vater nur für kurze Zeit nach. »Wirft ein schlechtes Licht auf die Familie«, sagt er, und fortan steht wieder die Schule im Mittelpunkt. Ärztin soll seine Tochter werden. »Um mich auf dem Heiratsmarkt besser an den Mann bringen zu können«, sagt Shazia.

Der Amused Moose Comedy Club, also der Komödienstadl zum erheiterten Elch, im Londoner Amüsierviertel Soho: Erst tritt eine Reihe von Nachwuchskomikern auf, dann – als »Leckerbissen« angekündigt – Shazia Mirza. Wieder der langsame Start, aber dann ist nur noch Schwung. »Als Kind«, sagt sie, »sah ich manchmal auf Mauern die Worte ›Paki go home‹ – das war meine Mutter, die mir sagte, dass es Zeit ist für's Essen.« Riesengelächter, und vielleicht, wer weiß, ist es ja auch deshalb so laut, weil es das Gewissen übertönen soll, das sich bei dem einen oder anderen rühren mag. Es sind nämlich genau diese sauffreudigen, weißen, jungen Kerle, wie sie hier im Publikum sitzen, die gerne mal gegen die »Pakis« hetzen.

Aber auch wenn Shazia Asiaten unterhält, ist es deswegen noch lange kein Heimspiel. Im Gegenteil. In der Ostlondoner Brick Lane, Hochburg von Bengalen, tritt Shazia letztes Jahr bei einer Wohltätigkeitsveranstaltung auf. Lauter Muslime auf der Bühne, einer verkleidet als Pamela Anderson, die einzige echte Frau aber ist Shazia Mirza. Die berichtet, wie das war bei ihrer Reise nach Mekka, als sie mit anderen Pilgern die Kaaba umschritt und im Gedränge auf einmal eine Hand auf ihrem Hintern fühlte – »ich tat so als wäre nichts, schließlich war ich in Mekka, da konnte es doch nur die Hand Gottes sein.« Kaum zu Ende erzählt, da sind auch schon drei Typen auf der Bühne. »Du bist eine Schande für unsere Kultur, unsere Religion, du bist eine Frau, du hast kein Recht«, schreien sie, und einer geht ihr an die Gurgel.

Shazia ist schockiert und fragt sich: Ist es das wert? Es ist der Punkt, da abzureißen droht, was sich nach der Schule anbahnt, als Shazia, dem unmittelbaren Einfluss des Vaters entzogen, alles nachholt, was er ihr vorenthalten hat – fast alles. Sie nimmt Schauspielunterricht, lernt Klavier, lernt Singen, lernt Ballett, geht in Discos und Nachtclubs, tanzt die Nächte durch. Shazia, neunzehn, macht Bekanntschaft mit dem Leben und das Leben mit ihr. Aber sie hält Grenzen ein. Der Lebenshunger endet da, wo ihre religiösen Überzeugungen beginnen. Shazia trinkt nicht und raucht nicht, sie isst kein Schweinefleisch, sie fastet während des Ramadan, sie betet, sie lässt sich nicht mit Männern ein. Sie hat kein Problem mit ihrer Religion. Sie hat ein Problem mit der Art und Weise, wie muslimische Männer Frauen unterdrücken – und zur Rechtfertigung dieser Unterdrückung den Islam missbrauchen.

Im Amused Moose Comedy Club hängt der Zigarettenrauch in Schwaden unter der Decke. Es riecht nach Bier. »Alle Männer sind Schweine«, sagt die junge Frau auf der Bühne, »vor allem muslimische Männer.« Sie sagt das so ausdruckslos wie die Zeitansage. Das ist ihr Stil. *Deadpan* nennt man das im Englischen – so trocken, wie es trockener nicht geht. Männer als Schweine also. Shazia wartet einen Augenblick, bevor sie ihre

Pointe setzt wie ein Florettfechter den Treffer. Sie hat ein gutes Gefühl für das richtige Timing. Eine Sekunde, zwei, jetzt: »Für mich hat das allerdings keinen Nutzen, ich kann ja kein Schweinefleisch essen.« Und dann gleich noch mal gegen die Männer. »Leute fragen mich: ›Warum geht deine Mutter fünf Schritte hinter deinem Vater?‹ Darum: ›Weil er von hinten besser aussieht.‹«

Anders als vom Vater geplant, studiert Shazia nicht Medizin. Sie wird Lehrerin für Physik, Biologie und Chemie. Ein bürgerliches Standbein, eine Konzession an die Eltern. Aber sie tut sich schwer in der Schule im Londoner Eastend, wo sie landet. Da sind sechzehnjährige Halbstarke, die von Physik nichts wissen wollen – und von einer Paki-Junglehrerin schon gar nichts. Erst als sie Witz und Komik als pädagogische Mittel entdeckt, bekommt sie die Schüler in den Griff. Sie sagt sich: Wenn ich das vor einer Klasse kann, dann kann ich das auch auf der Bühne. Nicht lange, da ist es soweit. In einem Kurs lernt Shazia, komische Texte zu schreiben, und irgendwann sagt der Lehrer, nun sei es an der Zeit, die Gags vor Publikum auszuprobieren.

Das Datum 1. September 2000 hat sich Shazia eingeprägt. Ihr erster Auftritt, ihre erste Bekanntschaft mit dem *comedy circus* – und zwar in seiner rohesten und gröbsten Ausprägung. Eine Kneipe im Londoner Stadtteil Brixton. Ein dusteres Loch, schäbig, verräuchert, laut, voller zweifelhafter, betrunkener Gestalten. Der Besitzer ein widerlicher Kerl, der Shazia bis zwei Uhr nachts hinhält. Die ist noch nie in einer derartigen Kaschemme gewesen, sie hat solche Angst, dass sie sich beinahe in die Hosen macht. Aber dann kommt doch der Moment. Der entscheidende Moment, wo aus der Lehrerin Shazia Mirza eine Komikerin wird. Es gibt kein Mikrofon, keine Bühne, es gibt nur fünfzig besoffene Kerle. Sie denkt, dass man sie nach dem zweiten Satz davongrölen wird. Sie bekommt Standingovations.

Es folgen noch viele solche Zumutungen im Unterholz der Komikerszene, aber sie weiß, dass das Teil ihrer Lehrzeit ist und nimmt sie hin. Sie trifft auf Leute, die beim Anblick der Muslimin zu bestürzt sind um zu lachen, sie trifft auf andere, die sich einen Spaß daraus machen, ihr mit Zwischenrufen die Show zu verderben. Ihren Eltern sagt sie nichts von alledem. Aus Rücksicht. Sie tut so, als sei sie mit ihrem Leben als Lehrerin voll ausgelastet. Aber dann kommt der Tag, da sie beim London Comedy Festival unter zweihundert Teilnehmern eines Nachwuchswettbewerbs den ersten Preis gewinnt, der darin besteht, dass sie auf die Bühne darf im London Palladium – dem renommiertesten Theater im Westend. Szene Elternhaus. Auftritt Shazia. Geständnis. Schock. Enttäuschung. Aber die Mutter kommt zur Aufführung nach London.

Sarwat Mirza ist noch nie in ihrem Leben im Theater gewesen, und diese Art von Theater, wo geraucht wird und getrunken , wo unter reichhaltiger Verwendung so herrlicher Worte wie *fucking* und *bloody* säuische Witze erzählt werden, muss für sie der reine Horror sein. Andererseits: Da ist sie, ihre Shazia, mitten auf der Bühne, ihre Stimme erfüllt den Saal und bringt dreitausend Menschen zum Lachen. Hinterher nimmt die Mutter Shazia in den Arm und sagt, sie sei stolz auf sie. Aber in ihrem Gesicht liest Shazia etwas anderes: Mein Gott, was ist nur mit meiner Tochter passiert? Sie hat einen Universitätsabschluss, sie ist Lehrerin – warum macht sie diesen Blödsinn? Im Amused Moose Comedy Club kommt Shazia zum Ende. »In Afghanistan«, sagt sie, und es folgt eine Geschichte, die davon handelt, dass in Afghanistan Frauen keine Stöckelschuhe tragen dürfen, weil deren Geräusch die Männer anzieht. Die Pointe geht so: »Alle Ziegen wurden jetzt eingesperrt.«

Nun ja, Taliban-Witze werden ihr Verfallsdatum bald überschritten haben. Shazia weiß das und arbeitet an neuen Gags. Sie führt eine Art Tagebuch, in dem sie Material sammelt, wie ja überhaupt ihr Programm weitgehend auf Erlebtem basiert. Die unkeusche Hand in Mekka hat sie selber gespürt, später ist ihr dergleichen auch in London passiert. Auf der Bühne hört sich das so an: »Ist doch erstaunlich, wie viele Menschen zum Islam übergetreten sind.« Aber seit dem Zwischenfall in der Brick Lane ist sie einen Tick vorsichtiger geworden. Die Hand Gottes lässt sie jetzt meistens weg. In ihrer Familie machen sie sich ohnehin schon Sorgen. Shazias Bruder Imran sagt, seine Schwester laufe Gefahr, muslimische Extremisten auf sich aufmerksam zu machen, denn »sie macht das genaue Gegenteil von dem, was von einer asiatischen Frau erwartet wird.«

Doch ist es ja gerade das Unaussprechliche, das politisch hochgradig Inkorrekte, das ihr die

Aufmerksamkeit verschafft und zum Beispiel dafür gesorgt hat, dass auf der Komiker-Website http://www.chortle.co.uk seit Monaten Shazia Mirza öfter angeklickt wird als die lang etablierten Witzveteranen des Landes. Sie ist senkrecht gestartet, und damit es auch weiter steil nach oben geht, hat Shazia sich mittlerweile eine Managerin zugelegt. Vivian Smith hatte Shazia Mirza im London Palladium gesehen und gedacht: starke Persönlichkeit, große Bühnenpräsenz, müsste Spaß machen, mit der zu arbeiten. Seit August 2001 sind sie zusammen. Vivian Smith glaubt an Shazia, die inzwischen nur noch aushilfsweise als Lehrerin arbeitet und vielleicht bald überhaupt nicht mehr. Sie habe, sagt die Managerin über ihren Schützling, das, was man in der Branche den »It«-Faktor nennt – das gewisse Etwas.

Es ist die Bühne, die das hervorbringt. Nach dem Auftritt im Amused Moose Comedy Club in der verregneten Archer Street von Soho auf dem Weg nach Hause in den Nordosten von London, da wirkt Shazia Mirza mit ihrem Hijab auf dem Kopf nicht anders als die vielen anderen Musliminnen in der Stadt auch. Dabei könnte sie deren heimliches Vorbild sein – als eine, die sich über die von Männern eng gezogenen Grenzen hinwegsetzt, die Tabus bricht und gleichzeitig eine strenggläubige Frau ist. Natürlich ist es ein Balanceakt. Über den Koran würde Shazia Mirza nie witzeln, und doch: Wer wirklich starke religiöse Überzeugungen habe, findet sie, der müsse auch in der Lage sein, darüber zu lachen – »sonst ist da was faul«.

Mag ein Anrufer beim Buzz-Club in Manchester die Attraktion des Abends auch als »Nutte« verunglimpfen, Shazia sieht das als Beweis, dass sie von den muslimischen Männern als Gefahr für ihre Herrschaft über die Frauen wahrgenommen wird – und fühlt sich bestätigt. Aber sie ist keine Frauenrechtlerin. Sie ist auch keine, die angetreten ist, um in den Clubs den weißen Saufnasen ihre rassistischen Vorurteile auszutreiben. Das alles sind Nebenwirkungen, die Shazia Mirza sehr billigend in Kauf nimmt. Und der eigentliche Zweck? Warum dieser Blödsinn? Ganz einfach: Sie liebt es, auf der Bühne zu stehen. Leute zum Lachen zu bringen, sagt Shazia, »ist einfach ein ganz unglaubliches Gefühl«.

Januar 2002

Das scharlachrote Regiment

Schlachten aus längst vergangenen Zeiten

Ein Raum wie ein Kirchenschiff. So groß, so hoch, auch die nach oben hin gerundeten Fenster wirken sakral. Doch die *Great Hall*, wie man sie nennt, ist erfüllt vom Klappern des Bestecks an über zwei Dutzend Esstischen und von den Stimmen alter Männer, die umso lauter reden, je schlechter sie hören. Frank Lord hört schlecht auf dem rechten Ohr. Man merkt das daran, dass er immer den Kopf ein Stück nach vorne reckt, wenn er angesprochen wird. Aber die Frage der Servierin hat er verstanden. Nein, nicht das Schweineschnitzel, er nehme die *Cottage Pie*, den Auflauf aus Hackfleisch und Kartoffelbrei. Man kennt einander am Tisch. »Könntest auch mal wieder 'nen Haarschnitt gebrauchen, Stevie«, sagt Lord zu einem kleinen Silberlockigen gegenüber. Aber dann entspinnt sich doch keine Unterhaltung über den Vorzug kurzer Haare, sondern über die Burenkriege vor über hundert Jahren in Südafrika. Einer am Tisch findet, die seien nicht ausreichend gewürdigt auf den Holztafeln an den Wänden, wo man in goldenen Lettern die wichtigsten Wegmarken der letzten dreihundert Jahre britischer Militär- und Kolonialgeschichte aufgezeichnet hat.

Eine beeindruckende Aufstellung ist das. Sie füllt die eine Längsseite der *Great Hall* aus und noch einen Teil der gegenüberliegenden. An

Schlachten und Kriege aus längst vergangenen Zeiten wird da erinnert. Waterloo Juni 1815 hat eine eigene Tafel, alles andere muss sich mit dürren Einzeilern begnügen. Die Kämpfe mit den Ashantis in Westafrika, die Kriege mit den Sikhs in Indien, die Auseinandersetzungen in Südafrika, Palästina, Abessinien. Die Krimkriege, die Kampagnen in Malaya, in Burma, die Verteidigung der Al-Alamain-Linie, die Landung in der Normandie. Auf den letzten Tafeln dann Korea, die Falklands, der Golf, der Balkan. Afghanistan kommt auch vor. Erster afghanischer Krieg 1839 bis 1842, zweiter afghanischer Krieg 1878 bis 1880. »Ja, ja Afghanistan.« Frank Lord ist jetzt bei Pflaumen mit Vanilleeis. »Zweimal haben wir es versucht, zweimal haben wir Prügel bezogen.« Und wenn wir Pech haben, sagt der andere, der eben noch bei den Burenkriegen war, »dann wiederholt sich das demnächst noch ein drittes Mal.« Frank Lord nickt und lacht grimmig. Es ist das, was auch er denkt.

Wir sind im Royal Hospital im Londoner Stadtteil Chelsea, das anders als der Name vermuten lässt kein Krankenhaus ist, sondern ein Altenheim für Soldaten im Ruhestand. Für Leute wie Frank Lord. Als der mit sechzehn Soldat wurde, hatten die Briten noch ein Weltreich, und entsprechend kam der junge Mann aus Wales herum. Er war in Indien, im Grenzgebiet zu Afghanistan, in Ceylon. An der Grenze zu Burma wurde er bei Kämpfen mit japanischen Invasionstruppen am linken Bein verwundet. Viel später, als er alt, pensioniert und wieder in Wales war, sagte seine Frau zu ihm: Wenn mir was passiert, dann bemüh' dich um einen Platz im Royal Hospital, da kümmern sie sich um dich. 1999, die goldene Hochzeit war gerade vorbei, starb sie, und der alte Soldat fühlte sich so hilflos wie noch nie in seinem Leben. So geht es ihnen fast allen, bevor sie sich aufmachen nach Chelsea. Dillwin Payne, auch er ein Witwer aus Wales, mit dem sich Lord im Royal Hospital angefreundet hat, sagt: »Ich wusste doch noch nicht mal, wie man die gottverdammte Waschmaschine bedient.« Zwölf Monate hielt Frank Lord es allein aus. Dann erinnerte er sich an den Rat seiner Frau. Das Haus überließ er der Hilfe, die sich um ihn gekümmert hatte – mit allem, was darin war. Sogar mit dem, was im Kühlschrank war. So wurde Frank Lord zum *redcoat*, zum Rotrock, wie man sie nennt, die Rentner im Royal Hospital, und zwar wegen der Farbe ihrer Ausgehuniform. Aber man muss das Wort *redcoat* nur in den Mund nehmen und wird schon korrigiert von den Alten. Nicht einfach nur rot, nein, *scarlet*, scharlachrot sei ihr Rock, der zusammen mit dem schwarzen Dreispitz jener Dienstuniform nachempfunden ist, wie sie zu Zeiten des Duke of Marlborough getragen wurde. Zu dessen Lebzeiten vor über dreihundert Jahren ist das Royal Hospital unter Charles II gegründet worden.

Die Idee dazu soll dem König seine Mätresse Nell Gwynne eingeflüstert haben – sagt die Legende. Im Hospital sind sie royalistisch gesonnen und auf ehrenhafte Geschichtsschreibung bedacht und sagen stattdessen, es sei Charles' Sohn gewesen, der seinem Vater vom Hôtel des Invalides in

Paris vorgeschwärmt und ihn so zur Gründung einer vergleichbaren Einrichtung in London veranlasst habe. Wie auch immer – 1692 zogen die ersten Veteranen in die weitläufige Anlage am Ufer der Themse ein, und seither sind rund 18.000 Soldaten durch das Royal Hospital gegangen. Derzeit sind es 337.

Eine ebenso alte wie ehrwürdige Institution also, eine Mischung aus College und Kloster mit musealem Einschlag. Überall Gedenktafeln und Büsten, alte Waffen und schwere Ölbilder. In der *Great Hall* hängen die Nachbildungen jener Fahnen, die britische Soldaten einst in siegreichen Schlachten feindlichen Regimentern abgenommen haben, und der Tisch, auf dem 1852 der Duke of Wellington, der Sieger von Waterloo, im Royal Hospital aufgebahrt lag, ist auch noch da. Doch all das ist nur Staffage für die alten Kerls, die hier ihre vorletzte Ruhestätte gefunden haben. Um aufgenommen zu werden, muss man mindestens 65 Jahre alt sein, noch einigermaßen gut zu Fuß sowie bar jeder Unterhaltspflichten. Wer außerdem noch einen einwandfreien Leumund besitzt und bereit ist, seine Armeerente aufzugeben, der bekommt im Gegenzug Kost, Logis, Kleidung, medizinische Betreuung und die Gewissheit, nie wieder Rechnungen bezahlen und Waschmaschinen bedienen zu müssen. Es gibt einen Club, wo der Whisky zum Einkaufspreis verkauft wird, und wer's nicht übertreibt mit dem Saufen, der hat gute Chancen, im Royal Hospital zehn Jahre länger zu leben als der Durchschnittsbrite draußen. Sagt die Statistik.

Der Morgen vor dem Mittagessen. Frank Lord wohnt im Ostflügel im zweiten Stock. Der Ostflügel liegt gegenüber vom Westflügel und bildet mit dem Hauptgebäude, in dem sich die *Great Hall* und die Kirche befinden, ein zur Themse hin offenes Viereck – den *Figure Court*. Vor den Fassaden stehen Bänke, und wenn Sommer ist, dann hocken sie da und reden von den alten Zeiten. »Weißt du noch im Burenkrieg, wie sie uns die Pillen gegeben haben, damit wir nicht immer nur an das Eine denken? Ich hab' das Gefühl, meine fangen an zu wirken.« Naja, das ist der Stoff von Anekdoten, der Burenkrieg ist zu lange her, als dass einer im Royal Hospital daran noch Erinnerungen haben könnte. Der derzeit älteste Chelsea*pensioner* ist knapp über hundert Jahre alt. Jetzt haben die Bänke grüne Überzüge und das Denkmal von Charles II, das den Mittelpunkt des Platzes bildet, steht verloren im Novemberregen. Zu Ehren wird es erst wieder im Juni kommen, wenn wie jedes Jahr der Gründungstag des Royal Hospital gefeiert wird. Da treten sie dann noch mal an, die Alten – zackig in Reih' und Glied die Rüstigen, sitzend die Gebrechlicheren.

Die Stufen der Treppe im Ostflügel sind ausgetreten. Kein Wunder, hier sind ja schon die Veteranen des Englischen Bürgerkriegs und später die der Napoleonischen Kriege heraufgestapft. Die Stufen sind extra niedrig und die Treppe ist so breit, dass man eine Bahre ohne weiteres seitwärts tragen kann. Im Schnitt stirbt jede Woche einer. Die Unterkünfte gehen von langen Fluren ab, eine neben der anderen, nummeriert. Winzige

Kabäuschen sind das, eine Kreuzung zwischen Beichtstuhl und Schiffskabine, gerade mal groß genug für ein Bett, einen Schrank, eine kleine Kommode, einen Stuhl und ein Tischchen.

Früher waren sie noch kleiner, und die Idee dahinter war angeblich, dass der Bewohner im Fall des Falles auf dem Bett aufschlagen sollte und nicht auf dem Boden. Frank Lords Koje hat die Nummer neun. Auf dem Bett liegt eine Boulevardzeitung. Aufgeschlagen ist eine Seite mit einer Reportage aus Afghanistan. Über dem Bett auf einem Bord stehen gerahmte Fotos. Lord als junger Soldat in Indien. Seine Frau. Seine Schwester. Ein 84-jähriges Leben, destilliert zu ein paar Bildern. Er hat einen Sohn, aber man sieht sich kaum. Lord sagt: »Wir verstehen uns nicht besonders.« Was den Mann am Leben hält, so scheint es, ist die Kameradschaft unter alten Kriegern, die die gleiche Sprache sprechen, den gleichen rauen Humor haben und es nicht übel nehmen, wenn einer sagt: »Na sowas, du lebst ja noch. Ich dachte, dich hätten sie schon zum Barbecue gebracht.«

Eine Zeit lang war Lord der Korporal auf dem Flur, hat abends das Licht ausgemacht und morgens um sieben in die Kämmerchen geguckt, ob noch alle leben. Nun ist es ein anderer, der guckt, ob Lord noch lebt und sich dabei wohl so manches Mal seine Gedanken machen wird – so keuchend wie dessen Atem geht. Lord raucht fünfzig Zigaretten am Tag. Letztes Jahr um diese Zeit lag er mit Lungenentzündung in der Krankenstation. Aber dann hat er sich wieder erholt und geschafft, was er sich für dieses Jahr vorgenommen hatte –

nämlich noch einmal mitzumarschieren am Gründungstag und auch beim Festival of Remembrance. Das Festival im November, wenn sie im Land ihrer Kriegsopfer gedenken, ist eine große Sache – halb Totenmesse, halb Veteranentreffen, inszeniert als gefühlige Unterhaltungsshow in der Royal Albert Hall, übertragen von Rundfunk und Fernsehen.

Möglich ist das wohl nur in einem Land, das völlig im Einklang lebt mit seiner militärischen Geschichte, ganz wie Tony Blair es gesagt hat. Großbritannien, so hat er es auf dem Nürnberger Parteitag der SPD formuliert, tue sich schwer mit Europa und leicht mit seiner militärischen Rolle in der Welt, bei den Deutschen sei es umgekehrt. So ist es, und so erklärt sich zum Beispiel auch, warum in den Medien geradezu ein bisschen Enttäuschung durchklingt, dass das Kontingent von abmarschbereiten sechstausend Soldaten nun doch erst mal daheim bleiben und das Engagement in Afghanistan bis auf weiteres auf einen kleinen Kern von Spezialtruppen beschränkt bleiben soll. Und so erklärt sich ferner, warum die Leute in der Royal Albert Hall ehrerbietig aufstehen und im Takt klatschen, als die Chelsea-*pensioners* in ihren scharlachroten Waffenröcken zu Marschmusik einziehen in die Arena und der Lautsprecher von den »größten Opfern« spricht, die diese Männer gebracht hätten. Für Frank Lord ist es der Höhepunkt des Jahres.

Jetzt hängt der Waffenrock frisch gereinigt unter einer Schutzhülle aus Plastik am Schrank, die Orden auf Brusthöhe akkurat befestigt. Vier silberne Taler, drei goldfarbene Kreuze. Der Lohn der Angst, der Dank des Vaterlandes dafür, dass Lord die Knochen hingehalten hat damals. Burma war am schlimmsten, für die Japaner findet er noch heute kein versöhnliches Wort. Aber auch Afghanistan hat er in böser Erinnerung – »ein furchtbares Land«. Er war ja nur an der Grenze, die seine Einheit in dem Abschnitt westlich von Quetta zu schützen hatte. Aber das sei schlimm genug gewesen. »Wilde, bärtige Männer« hat er in Erinnerung, »gute Kämpfer« – und wenn man einen Kameraden verlor, dann sei der nicht selten »böse verstümmelt« gewesen. Lord hat Tagebuch geführt seinerzeit, beim Umzug ins Royal Hospital ist es verloren gegangen. Aber für sein Urteil über Afghanistan muss er die alten Eintragungen nicht nachlesen. Frank Lord sagt: »Es ist das erste Land, das Gott angepackt hat. Aber dann hat er vergessen, es fertig zu stellen.« Er steckt seine Zigaretten ein und wir gehen in den Club.

Ein Whisky vor dem Mittagessen oder zwei – dann schmeckt es nachher besser. Jerry und Dennis sind schon da, Dillwin auch. Derselbe Tisch vor dem Fenster, dieselbe Besetzung. Same procedure as every day. Vier alte Männer, vier Paar glänzend gewichste, schwarze Schuhe, acht Augen, die plötzlich wie elektrisiert den Geldautomaten fixieren, der rasselt und rasselt und gar nicht mehr aufhört, Geld auszuspucken. Liz, die Serviererin, hat den Jackpot gewonnen.

Frank Lord holt Whisky von der Bar in kleinen Fläschchen. Er trägt eine Tätowierung auf dem linken Unterarm. Sie ist mit den Jahren verblasst, aber eine Palme ist noch zu erkennen. Eine Erinnerung an Quetta. Jerry, ein bulliger Typ, zieht ein Foto aus der Tasche, das ihn als jungen Soldaten in Berlin zeigt. »Aber ich werde Ihnen nicht sagen, wie das war mit Gisela.« Dann reden sie über Afghanistan. Klar haben sie eine Meinung dazu, Krieg ist ja ihr Geschäft gewesen. »An seinen Eiern« gehöre Osama bin Laden aufgehängt, findet Jerry, jedenfalls dürfe man ihn nicht davonkommen lassen wie damals Saddam Hussein. An einem der hinteren Tische singen sie und klopfen dazu auf die Platte, dass die Gläser tanzen. Frank Lord geht noch mal Whisky holen. Dennis schweigt. Dillwin redet umso mehr. »Ach geh mir doch weg mit Afghanistan, wir haben versucht, das Land in den Griff zu bekommen, die verdammten Russen haben's versucht, 16.000 Mann haben sie uns abgeschlachtet, damals, achtzehnhundertirgendwas. Nein, nein, du gewinnst keinen Guerillakrieg, in Afghanistan schon gar nicht. Ich weiß, wovon ich rede. War sieben Jahre in Malaya Kommunisten jagen.« Lord saugt gedankenverloren an seiner Zigarette.

Dann wieder Dellwin: »Terrorismus, ha! Mit Gewalt ist da nichts zu machen, gar nichts! Haben wir's vielleicht nicht probiert in Nordirland? Und mit welchem Ergebnis?« Er schnaubt verächtlich. Die anderen am Tisch nicken. »Und selbst wenn sie morgen bin Laden töten«, das ist jetzt Frank Lord, »dann kommt übermorgen ein anderer.« Auf dem Weg zum Mittagessen in der *Great Hall* kann man hören, wie der alte Mann keucht. »Menschen werden in diesem Krieg noch in großer Zahl sterben. Und wozu? Um einen einzigen Mann zu fassen.« Lord ist nicht wirklich einverstanden damit. Er sagt, er habe schon zu viele Menschen sterben sehen.

Als er fertig ist mit Pflaumen und Vanilleeis, steckt er sich eine neue Zigarette an. Der Riesensaal beginnt sich zu leeren. Später um siebzehn Uhr zum *tea meal* wird er sich wieder füllen. Aufmarsch und Rückzug – der Rhythmus eines Soldatenlebens. Für die allermeisten wird es hier zu Ende gehen, so wie ja auch für den legendären William Hiseland das Royal Hospital schlussendlich dann doch die Endstation war. Der hatte noch unter dem Duke of Marlborough gedient und zog 1713 im Alter von 93 Jahren im Hospital ein. Sieben Jahre später zog er wieder aus, um noch einmal zu heiraten. Die Ehe war jedoch nicht von langer Dauer, und so kehrte er nach Chelsea zurück, wo er dann 112-jährig verstarb. Frank Lord hat keine Ambitionen mehr draußen. Er hat die Welt gesehen und sie nicht immer verstanden. Indien die Unabhängigkeit zu geben, sei ein großer Fehler gewesen. Von den Royals respektiert er nur die Queen Mum und die Queen. Wenn er mal ausgeht in seiner Ausgehuniform, dann ist meistens Onslow das Ziel, wo sein altes Regiment stationiert ist. Er sagt, das Hospital werde ihn beerdigen müssen.

Nicht lange, da gehört die *Great Hall* allein den Serviererinnen, die die Tische für den Abend decken. Irgendwann wird man hier mit Goldschrift die jüngste Wegmarke in der britischen Militärgeschichte auf braunes Holz aufmalen. Dritter afghanischer Krieg, wird es dann vielleicht heißen, auch wenn es ja ganz überwiegend der Krieg der Amerikaner ist, bisher jedenfalls. Aber die Serviererinnen interessiert das nicht. Die klappern mit Geschirr und Besteck, bis plötzlich eine Stimme durch den Lärm dringt. Eine Männerstimme, die in dröhnendem Bariton Elvis' »It's now or never« zum Besten gibt. Es ist einer der Alten, der sich vor einer Kellnerin, einer drallen Schwarzen, aufgebaut hat und ihr mit hochrotem Kopf ein Ständchen bringt. Die Frauen kreischen vor Vergnügen, die Dralle tupft sich die Augen vor Rührung. Schade, dass Frank Lord das nicht mehr miterlebt. Er ist schon gegangen.

Dezember 2001

Ein Clan kann Berge versetzen

Wie sich die MacLeods nach fünfhundert Jahren Geld beschaffen wollen, um ihre Burg zu retten

Gerry Akroyd dachte, es sei ein Witz. Was hätte er auch sonst denken sollen? Die Cuillins sind doch sein Leben. Wo Gerry wohnt, laufen sie sanft aus zum Loch Brittle oder steigen an zu einem dieser schroffen, graufelsigen Zacken – je nachdem, ob man es von oben oder unten besieht. Gerry kennt die Cuillins aus allen Lagen. Seit 27 Jahren besteigt er sie. Als professioneller Bergführer ist er häufiger oben in ihren Geröllfeldern und Steilhängen als unten in seinem Häuschen in Glenbrittle. Er kennt so ziemlich jeden Stein der Cuillins, kennt die seltenen Farne und Moose, kennt den schweren Flügelschlag des Golden Eagle. Er weiß, wie brutal es stürmen und schneien kann auf ihren 23 Gipfeln, und trotzdem: Gerry liebt die Cuillins und gerade deswegen konnte er einfach nicht glauben, was er auf seinem Anrufbeantworter hörte, als er unlängst von einer Bergtour zurück nach Hause kam. »Bitte rufen Sie die *BBC* an«, sagte eine Stimme, »wegen des Verkaufs der Cuillins. «

Man ist ja einiges gewöhnt. Dass man den Wert von Fußballclubs heutzutage nicht mehr nur an der Tabelle ablesen kann, sondern auch an der Börse, dass sich die Riesen der Auto- und der Ölbranche gegenseitig auffressen, dass Elefanten sich die Hochzeit versprechen und dann, wie kürzlich in Frankfurt geschehen, in letzter Minute doch wieder auseinander gehen – das alles nimmt man nur mehr mit mäßigem Staunen zur Kenntnis. Aber Handel mit Gebirgen? Die Black Cuillins auf der Isle of Skye sind die markanteste, spektakulärste Gebirgskette Schottlands. Der liebe Gott war bei ihrer Erschaffung nicht ganz so spendabel wie im Fall der Alpen, ihr höchster Gipfel, der Sgurr Alasdair, kommt gerade mal auf knapp unter tausend Meter, aber schön sind sie. Ob von Wolken verhangen, ob schneeweiß überzuckert oder ob als gezackter Kamm im hellen Sommerlicht der Hebriden – es ist eine magische Anziehungskraft, die von ihnen ausgeht. Die alte Lady MacGregor hatte schon Recht.

Die war, über vierzig Jahre ist das jetzt her, zu Gast auf Dunvegan Castle im Nordwesten der Insel. John, der zwanzigjährige Enkel der Burgherrin, führte die Besucherin zu einem Hügel, um ihr die Black Cuillins zu zeigen. Als sie das ganze Panorama vor sich hatten, sagte die Dame MacGregor überwältigt: »Ich wünschte, ich besäße sie.« Der junge Mann wunderte sich über die Bemerkung und fragte: »Und was würden Sie denn damit machen?« Die Frau lächelte und sagte: »Ich würde nur da sitzen und sie lieben.« Der Bursche von damals ist heute 64 Jahre alt. Er ist Herr auf Dunvegan Castle und 29ster *chief* des Clans der MacLeods, und er erzählt uns die Geschichte, um zu illustrieren, was die Black Cuillins für Gefühle zu wecken vermögen. Über sein eigenes Verhältnis zu ihnen sagt er: »Sie sind Teil meiner Seele.«

Doch diese Bindung hält ihn nicht davon ab, die Cuillins von einem Immobilienmakler feilbieten zu lassen – für mindestens zehn Millionen Pfund, also über vierzehn Millionen Euro. John MacLeod of MacLeod ist nämlich ihr Besitzer.

Besitzer? Der Black Cuillins? Eines Geländes, das fast so groß ist wie Sylt, neunzig Quadratkilometer, das vierzehn Kilometer Küste und zwei lachs- und forellenreiche Flüsse umfasst? In keinem anderen europäischen Land könnte diese Geschichte spielen, sondern nur in Schottland, jenem Teil des Vereinigten Königreichs, wo sich die feudalen Bodenstrukturen über die Jahrhunderte bis heute erhalten haben. Nirgendwo sonst ist der private Bodenbesitz so konzentriert wie hier, nirgendwo sonst hat es der Landadel verstanden, seinen Grund und Boden nicht nur zu bewahren, sondern durch strategische Hochzeiten sogar noch gezielt zu vermehren – abzulesen an solchen Bindestrichfamilien wie den Dingwall-Fardyce oder Ogilvie-Grant. Was in Deutschland tausend Landeigentümer teilen, gehört in Schottland einem ganz allein. So groß sind dort die Großgrundbesitzer, dass sich mehr als die Hälfte Schottlands in der Hand von lediglich 1252 Familien befindet. Eine davon heißt MacLeod.

Die MacLeods haben mal eine Rolle gespielt in der schottischen Geschichte. Keine bedeutende, aber auf den Hebriden-Inseln waren sie durchaus eine Macht, wenn die nicht gerade von ihren Erzrivalen, den MacDonalds, bestritten wurde. Mit denen lagen sie in Dauerfehde, und wenn es galt, dem Schlachtenglück nachzuhelfen, dann hissten die MacLeods ihre berühmte Elfenflagge, und das hat ihnen, so die Legende, wiederholt den Sieg gebracht. Jedenfalls haben sie in bewegten Zeiten als Clan überlebt, haben ihren Stammsitz Dunvegan gehalten und auch den Großteil der Ländereien, zu denen sie durch Kampf und die Gnade der Stuarts gekommen waren. Für Vasallendienste, insbesondere für die Bereitstellung von drei Kriegsschiffen, hat Jakob IV. den MacLeods Land auf den Inseln Skye und Harris überlassen, nur die Falkennester, die behielt er sich selber vor. Eine Urkunde aus dem Jahre 1498 liegt im Museum der Burg aus. Sie begründet den Anspruch der MacLeods auf die Black Cuillins.

So präzise wie eine Grundbucheintragung ist das uralte Papier freilich nicht, und auch in einem späteren Dokument von 1611 sollen die Cuillins nicht namentlich erwähnt sein. Groß gekümmert hat das freilich nie jemanden, denn wer hat sich schon vorstellen können, dass das Gebirge jemals zum Verkauf stehen würde? Erst jetzt spielt das eine Rolle, da die Wogen hoch schlagen auf der Insel, seit MacLeod verkündet hat, dass er sich von den Black Cuillins trennen muss, weil er dringend Millionen braucht, um die Feste in Dunvegan vor dem Verfall zu retten. Es ist nämlich so: Das Dach leckt, Nässe kriecht ins Gemäuer, die Wände sind feucht geworden, der Putz wirft Blasen. An besonders regnerischen Tagen müssen sie Eimer aufstellen, und es hat schon Gäste gegeben, die mussten nachts im Bett einen Schirm aufspannen. Noch ist der Teil der Burg, der jedes Jahr als Museum hunderttausend Besucher anzieht, nicht betroffen, und damit es auch nicht so weit kommt, will MacLeod zwecks Rettung seiner Attraktion und seiner Haupteinnahmequelle jetzt schleunigst zur Tat schreiten und das Dach neu machen lassen.

Doch für einen so banalen Zweck ein Naturwunder verhökern? »Obszön«, schnaubt von einer Nachbarinsel der Unterhausabgeordnete, aber der zählt eigentlich nicht, denn er heißt MacDonald und kann schon aus jahrhundertealter Feindschaft nichts Gutes über einen MacLeod sagen. »Nackte Habsucht« wirft die *West Highland Free Press* John MacLeod vor und zieht im Übrigen dessen Besitzerrechte in Zweifel: Nur weil im 13. Jahrhundert »irgendein Kriegsbeil schwingender Vorfahr« Ansprüche geltend gemacht habe, gebe das dem Burgherrn noch lange keine Rechte über Britanniens »berühmtesten Gebirgszug«. Doch das auf Skye erscheinende Blatt zählt irgendwie auch nicht, denn es ist stramm auf Altlabour-Linie und muss schon von daher den Feudalisten bekämpfen. Was also zählt? Vielleicht Volkes Stimme? Die erhebt sich in dieser Woche in Portree, einem Städtchen an der Ostküste der Insel, in einem bis auf den letzten Platz besetzten Versammlungssaal – und zwar unisono.

Umweltschützer und Vertreter von Behörden haben geladen, an die hundert Bürger sind gekommen. Gerry Akroyd ist auch da. Es geht nicht hitzig zu, dazu sind die Inselmenschen zu bedächtig. Aber jeder, der sich zu Wort meldet, bringt Empörung, Protest oder Sorge zum Ausdruck. Wenn da jetzt wirklich zehn oder gar fünfzehn Millionen Pfund für die Cuillins gezahlt würden, sagt einer, dann sei das womöglich nur der Anfang einer Entwicklung, an dessen Ende jeder Gipfel einem anderen Besitzer gehöre – der eine mit Standort Bahamas, der andere sonst wo. Ethisch und moralisch, ruft eine junge Frau, »ist das unser Land, wir sollten nicht hinnehmen, dass ein Verrückter denkt, er besäße einen Teil Schottlands und könne dafür einen Phantasiepreis verlangen«. Manchmal murmeln sie beifällig, ein paar Mal wird auch geklatscht und einmal lachen sie. Das ist, als jemand daran erinnert, dass der Burgherr zur Frage der Eigentumsrechte mit dem Satz zitiert worden ist, die MacLeods hätten für die Black Cuillins mit ihrem Blut bezahlt. »Dann«, sagt der Mann, »könnten wir sie doch mit ein paar Blutwürsten zurückkaufen.«

Am Ende haben drei Dutzend Bürger gesprochen, kein Einziger zu Gunsten von John MacLeod. Der fühlt sich denn auch zusehends gekränkt und missverstanden und überhaupt denkbar unwohl im Mittelpunkt einer Kontroverse, auf die ihn in seinem Leben nichts vorbereitet hat. Der Mann ist Künstler. In London hat er Gesang und Schauspiel gelernt, bei Fischer-Dieskau in Deutschland hat er seine Gesangskunst vervollkommnet und eigentlich hätte er sich gerne ganz einer Karriere als Sänger gewidmet. Doch weil er vierzig Minuten älter ist als sein Zwillingsbruder, war er es, der eines Tages das mit zwei Litern Rotwein gefüllte alte Trinkhorn bei einem Bankett in einem Zug austrinken musste – zum symbolischen Beweis, dass er als künftiger *chief* in der Lage sein würde, seine Feinde unter den Tisch zu saufen. Als Burgherr hat er dann aber das Beste aus seiner Situation gemacht. Der Tourismus kam in Gang, ein Restaurant entstand, ein Souvenirshop, und wenn das Dach dicht geblieben wäre, dann hätte die Geschichte vermutlich ein Happyend, und es würden heute nicht Reporter vom brasilianischen Fernsehen, der *Baltimore Sun* oder der *Süddeutschen Zeitung* in diese entlegene Ecke Schottlands reisen, um den Mann zu interviewen, der ein Gebirge verkauft.

Er empfängt in einem Zimmer seiner Burg, das so aussieht, als diente es außer als Büro auch als Heizungskeller. Auch hier pellt sich der Putz. Es ist ungemütlich kalt und irgendwie ist man froh, anders als der Hausherr im Schottenrock, nicht dem Brauchtum verpflichtet zu sein und stattdessen die Skiunterwäsche angezogen zu haben. Vor dem Zimmer ein Schaukasten, in dem ausgestellt ist, was der Tourist alles mitnehmen kann auf den Heimweg – von der Flasche Whisky der Marke Dunvegan Castle und den dazugehörigen Gläsern bis hin zu Fingerhüten und Radiergummis mit einer Abbildung der Burg darauf. Ach ja, und dann natürlich auch noch die CD mit »traditionellen schottischen und gälischen Songs«, gesungen vom *chief* persönlich. Der scheint ein Händchen zu haben für Geschäfte – fängt mit Fingerhüten an und hört mit einem Bergzug auf? Ach wissen Sie, sagt er, im Grunde sei er ein Romantiker, und deswegen hoffe »ein Teil« von ihm insgeheim darauf, dass sich kein Käufer finde für die Black Cuillins – weil er sie doch so liebt.

John MacLeod kann sich lange verbreiten über die Befindlichkeiten seiner Seele, und am schlimmsten, sagt er, sei es gewesen, nach Edinburgh zu fahren zum Makler und preislich zu fixieren, was in Wahrheit unbezahlbar sei. Aber wenn schon, denn schon: Zehn Millionen schienen ihm eher ein bisschen wenig zu sein, fünfzig wären ihm lieber gewesen. Das war dann offenbar jener Teil von ihm, der auf ein gutes Geschäft hofft und auf genug Geld, damit er nicht nur die Burg in Stand setzen, sondern auch seine touristischen Aktivitäten ausweiten kann – mit einem Hotel und einem Freizeitkomplex. Dieser MacLeod, der unromantische und nüchterne, argumentiert mit der Schaffung von Arbeitsplätzen in einem strukturschwachen Gebiet. Die Umweltschützer hingegen warnen vor Preistreiberei und ganz generell vor dem Missbrauch von Naturschönheiten.

Ob japanischer Millionär, Hollywoodstar oder russischer Mafioso, jeder kann sich in die schottische Natur einkaufen und noch nicht mal Schottlands (und Britanniens) höchster Berg kann einfach nur in Ruhe und Frieden stehen. Gerade ist der 1343 Meter hohe Ben Nevis verkauft worden, und dass dabei kein größerer Schaden angerichtet wurde, liegt offenbar an der Vernunft und der Bescheidenheit seines langjährigen englischen Besitzers. Der trägt den schönen Namen Duncan Fairfax-Lucy, ist pensionierter Rechnungsprüfer und hat den Koloss für nur 450.000 Pfund in die Hände des John Muir Trust gegeben, einer Naturschutzorganisation. Auch der jüngste Deal, der

Verkauf der drei Barrahead-Inseln am Südende der Äußeren Hebriden an die Naturschützer vom National Trust, beweist Verantwortlichkeit. Doch es kann auch anders kommen.

Zum Beispiel so wie im Fall der Insel Eigg, die vor vier Jahren von ihrem skandinavischen Besitzer an einen exzentrischen deutschen Künstler verkauft wurde. Der entfachte einen ziemlichen Wirbel und weckte auf dem südlich von Skye gelegenen Eiland mit seinen 66 Bewohnern große Hoffnungen auf Verbesserung ihrer kargen Lebensumstände. Es passierte jedoch nichts, und am Ende zog er kleinlaut wieder ab. So ist das, wenn in Schottland Land verkauft wird: Die darauf lebenden Menschen, zum Beispiel arme Kleinbauern, werden gleich mitverkauft und können sich dagegen nicht wehren, weil sie vom Großgrundbesitzer praktisch nur geduldet werden. Eine Bodenreform, allgemein als viel zu zaghaft angesehen, soll solche Auswüchse in Zukunft unterbinden, doch noch ist es nicht so weit, und deshalb kann sich zum Beispiel auch der Schaf-Farmer Hugh MacRae nicht sicher sein, wie es weitergehen wird. MacRae hat seine Farm und seine Weiden auf dem Land, das John MacLeod zum Verkauf angeboten hat.

Mag ja sein, dass alles gut geht und er auch unter dem neuen Besitzer weiter seine Farm betreiben kann – aber weiß man es? Weiß man überhaupt, was so ein verrückter Millionär, womöglich einer aus dem Ausland, alles vorhat, wenn er die Cuillins erst mal sein Eigen nennt? Gewiss, die Berge stehen unter Landschaftsschutz, aber

Gerry Akroyd sagt: »Wenn einer zehn Millionen Pfund für die Cuillins hinblättert, dann hat er vielleicht auch noch ein paar Millionen mehr, um die Gegend zu verschandeln.« Beim National Trust oder beim John Muir Trust wären die Black Cuillins gut aufgehoben, doch die Umweltschützer haben das Geld nicht und sind auch prinzipiell dagegen, sich an einem Millionenspiel zu beteiligen, das in ihren Augen die Natur zum Spekulationsobjekt macht.

Es ist alles noch in der Schwebe, und ob Sean Connery das Geld hat, weiß man nicht. Man weiß noch nicht mal, ob er überhaupt Interesse hat. Seinen Namen hat man ins Spiel gebracht, weil man denkt, dass sich der Mann, der die Tätowierung »Scotland forever« auf dem rechten Arm trägt, seine Leidenschaft auch etwas kosten lassen würde. Nur so viel scheint sicher zu sein: Ein Käufer, der das Gelände einzäunen und Schilder mit der Aufschrift »Betreten verboten« aufstellen will, wird keine Chance haben. Denn das hat John MacLeod zur Bedingung gemacht: Wer immer die Cuillins kaufen wird, muss freien Zugang gewähren – den Naturliebhabern, den Spaziergängern, den Bergsteigern.

Gerry, der Bergführer, braucht sich also um seinen Lebensunterhalt keine Sorgen zu machen. Macht er auch nicht. Zwar kann er es noch nicht richtig fassen, dass sein Arbeitsplatz zehn Millionen Pfund wert sein soll. Aber bitte, wenn jemand so viel Geld für grauen Fels ausgeben will …

Am nächsten Morgen ist er mit einer Gruppe von Kletterern wieder oben in den Bergen, und wir stehen unten in Glenbrittle. Das Meerwasser schwappt an den Strand. Dahinter die Weide mit den Schafen des Farmers MacRae. Und dahinter der Anstieg zu den Cuillins. Es ist kalt und windig. Auf den Gipfeln hat es noch mal geschneit. Ein Auto kommt. Ein Mann im Schottenrock steigt aus, gefolgt von einem Kameramann. Das französische Fernsehen will den Gebirgsverkäufer vor dem Gebirge filmen, das er verkaufen will. Aber an den Gipfeln haben dichte Wolken festgemacht – »Merde«! Oder vielleicht ein Trost, dass die Cuillins doch nicht alles mit sich machen lassen? Schade, dass die alte Lady MacGregor nicht mehr lebt. Die wäre die ideale Käuferin gewesen. Denn die hätte die Black Cuillins nur anschauen wollen – und lieben.

April 2000

(Der Versuch, die Cuillins zu verkaufen, ist fehlgeschlagen. Es gab eine Reihe interessierter Käufer, die jedoch von der Höhe des Preises abgeschreckt wurden. Heute scheint John MacLeod of MacLeod bereit zu sein, die Cuillins in Gemeineigentum zu überführen und die Burg in eine Stiftung, die im Gegenzug die Reparatur des Daches übernehmen würde.)